Der Grammatik-Trainer

200 Übungen

Deutsch 5. – 7. Schuljahr

verstehen
1

2

können
3

Schroedel

Der Grammatik-Trainer

200 Übungen
Deutsch 5.–7. Schuljahr

Autoren:
Natasja Bolle-Fischmann ist seit 1994 Grundschullehrerin mit Hauptfach Deutsch, seit 2008 ist sie als „Lotsin des Übergangs zwischen Grundschule und Gymnasium" an ein Gymnasium abgeordnet.
Harald Fischmann unterrichtet Deutsch, Geschichte und Ethik, er ist Koautor bei mehreren Schulbüchern und Handreichungen.
Ansgar Stich unterrichtet Deutsch, katholische Religion und Sozialkunde, er ist Herausgeber und Autor bei mehreren Schulbüchern, Handreichungen und weiteren didaktischen Medien.

Druck [2] / Jahr 2012

Redaktion: imprint, Zusmarshausen
Kontakt: lernhilfen@schroedel.de
Herstellung: Sandra Grünberg
Umschlaggestaltung und Layout: Susanne Hesch, Braunschweig/ Janssen Kahlert Design und Kommunikation GmbH, Hannover
Umschlagfoto: Klaus G. Kohn
Illustrationen: Thies Schwarz, Hannover
Satz: KCS GmbH · Verlagsservice & Medienproduktion, Buchholz/Hamburg
Druck und Bindung: westermann druck GmbH, Braunschweig

ISBN 978-3-507-**22313**-4

Liebe Schülerin, lieber Schüler,

du willst bessere Noten im Fach Deutsch? Dann ist der ***Grammatik-Trainer*** genau das Richtige für dich! Mithilfe der 3-Schritt-Methode kannst du hier alle Themen der deutschen Grammatik trainieren, die wichtig sind.

Die **3-Schritt-Methode** ist ganz einfach.

1 **Verstehen:** Lies die **Grammatikregel** gründlich durch und merke dir den Inhalt.

2 **Üben:** Abwechslungsreiche **Übungen** helfen, die Grammatikregel zu verinnerlichen.

3 **Können:** Schließlich schreibst du einen **Test**, der überprüft, ob du die Grammatikregel wirklich verstanden hast.

Alle Grammatikregeln in diesem Buch werden nach der 3-Schritt-Methode trainiert. Die Regeln sind dabei anschaulich erklärt – so fällt das Verstehen leichter!
Die Lösungen für die Übungen und Tests findest du ab Seite 150. Hier findest du auch die Auswertung zu den einzelnen Tests.

Als zusätzliche Hilfe findest du ab Seite 202 einen praktischen Übersichtsteil zum gezielten Nachschlagen der wichtigsten Begriffe.

Und jetzt kann es auch schon losgehen.
Viel Erfolg beim Üben mit dem *Grammatik-Trainer*!

Natasja Bolle-Fischmann, Harald Fischmann, Ansgar Stich

1. Wortarten

2. Sätze

3. Satzglieder

1. Wortarten

1.1 Flektierbare und unflektierbare Wortarten

1 **Unterscheidung in flektierbare und unflektierbare Wortarten**

Wortarten werden in die zwei Hauptgruppen der **flektierbaren** und **unflektierbaren** Wörter eingeteilt. Flektierbarkeit bedeutet, dass man Wörter in ihrer Form verändern (beugen) kann.
Dies geschieht, indem man entweder den Wortstamm des betreffendes Wortes verändert und/oder an diesen Wortstamm weitere Wortbestandteile voranstellt und/oder anhängt.
Beispiele: Schwester – Schwester**n**, spielen – **ge**spiel**t**,
Gang – G**änge**
Die Eigenschaft, dass ein Wort flektierbar ist oder nicht, hat auch Auswirkungen auf seine Einordnung in bestimmte Wortarten.

In den folgenden Beispielsätzen sind die flektierbaren Wörter kursiv gesetzt, die nicht flektierbaren unterstrichen:
Hunefer ist ein kleiner ägyptischer Junge. <u>Oft</u> *spielt er* <u>mit</u> *seinem Holzdromedar* <u>am</u> *Rand einer Oase,* <u>in</u> *der er* <u>mit</u> *seiner Familie wohnt. Eine Oase liegt* <u>üblicherweise</u> <u>inmitten</u> *der Wüste* <u>an</u> *einer Wasserstelle* <u>oder</u> *Quelle.*

2 1. Unterstreiche nur die unflektierbaren Wörter und gib bei den flektierbaren die jeweilige Grundform an. Schreibe das Wort also so, wie es im Wörterbuch steht: Verben/Zeitwörter als Infinitiv, alle anderen Wörter im Nominativ/Wer-Fall Singular/Einzahl.

Der längste afrikanische Strom ist der Nil. Er entspringt oben in den Bergen Ostafrikas und fließt in das Mittelmeer.

....

....

....

....

....

2. ***Setze bei den flektierbaren Wörtern passende Vorsilben und Endungen ein.***

Hunefer... klein... Schwester... Nefertari... und... Nephtys... spiel... lieber... mit... drei... Holzlöwe... . Dies... hat... ihr... Vater... für... sie... ...schnitz... .

3 **TEST**

Schreibe alle flektierbaren Wörter aus dem Text heraus, bilde die Grundform und – wenn möglich – eine andere flektierte Form.
Beispiel:

Textwort	*Grundform*	*flektierte Form*
den	die	der
Oasen	Oase	
lebte	leben	lebe

In den Oasen lebte man nicht schlecht. Hier konnte man im Gegensatz zur Wüste Getreide und Futterpflanzen anbauen. An den Bäumen wuchsen Feigen, Granatäpfel und vor allem Datteln. Letztere dienten den Bewohnern als Nahrungsgrundlage. Hunefer und seine Schwestern konnten diese Frucht jedoch nicht leiden.

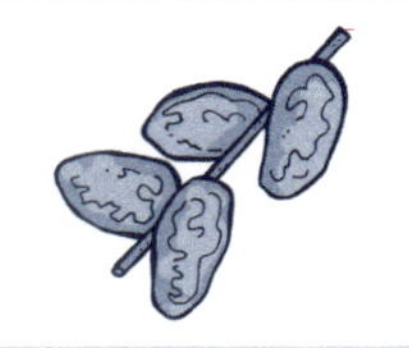

Wortarten

1

Flektierbare Wortarten

Das Flektieren/Beugen von Verben nennt man **Konjugieren**, das Flektieren bei den anderen flektierbaren Wortarten (Nomen, Pronomen, Artikel, Adjektive und Numeralia) **Deklinieren**.

Die Konjugation* ist die Anpassung an
- Person: ich lache (1. Person) – du lachst (2. Person) – sie lacht (3. Person)
- Numerus: er kocht (Singular/Einzahl) – sie kochen (Plural/Mehrzahl)
- Tempus: sie liest (Präsens/Gegenwart) – sie las (Präteritum/1. Vergangenheit)
- Modus: es spielt (Indikativ/Wirklichkeitsform) – es spiele (Konjunktiv/Möglichkeitsform) – Spiel! (Imperativ/Befehlsform)
- Genus Verbi: er tut (Aktiv) – es wird getan (Passiv)

Die Deklination ist die Anpassung an:
- Genus: der Mann (Maskulinum) – die Frau (Femininum) – das Kind (Neutrum)
- Numerus: das Pferd (Singular) – die Pferde (Plural)
- Kasus: der Baum (Nominativ) – des Baumes (Genitiv) – dem Baum (Dativ) – den Baum (Akkusativ)

* Diesen und viele andere Begriffe findest du im Glossar ab Seite 202 zum schnellen Nachschlagen nochmals kurz erläutert.

2

1. ***Unterstreiche alle konjugierten Wörter und schreibe deren Grundform heraus. Markiere die nicht flektierbaren mit einer anderen Farbe. Schreibe in dein Heft.***

Der Nil schuf die Voraussetzung für die Entstehung der ägyptischen Hochkultur. Er führte regelmäßig fruchtbaren Schlamm mit, der sich bei den jährlich wiederkehrenden Überschwemmungen als Dünger auf den Feldern ablagerte.

2. Forme die Sätze vom Singular (Einzahl) in den Plural (Mehrzahl) um, sodass die deklinierbaren Wörter verändert werden.

Am Flussufer kann der Ägypter die reiche Ernte einfahren.
Durch eine ausgeklügelte Bewässerungsanlage wird auch das vom Fluss entfernte Feld fruchtbar.

....

....

....

....

....

3. Forme die Sätze diesmal vom Plural in den Singular um. Schreibe in dein Heft.

Gleich nach den Ernten schleppen die Landarbeiter die Getreideerträge zu den staatlichen Verladeplätzen. Staatliche Schreiber registrieren genau, wohin welche Schiffe welche Produkte transportieren.

Unterstreiche im Text die deklinierbaren und die konjugierbaren Wörter in verschiedenen Farben.

3 TEST

Oasen waren früher wichtige Versorgungsstellen für die Transportgemeinschaften der Fernhändler, den sogenannten Karawanen. An den seltenen Wasserstellen entstanden Handelsplätze der Nomaden und Oasenbauern. Dort wurde reger Tauschhandel praktiziert. Hunefer liebte es, wenn die Karawanenführer bis spät in die Nacht von ihren Abenteuern in fernen Ländern erzählten.

Wortarten

1

Unflektierbare Wortarten

Manche Wortarten kann man nicht flektieren (beugen). Dazu gehören:

- Adverbien (**oben, draußen, links, damals, immer**)
- Präpositionen (**in, auf, zu, hinter, vor, unter**)
- Konjunktionen (**und, weil, obwohl, sodass, damit**)
- Interjektionen (**Aua!, Buh!, Hurra!**)

2

1. *Versuche, einen zusammenhängenden Text zu gestalten, in dem du zu jeder der oben aufgeführten Wortarten eines der genannten Beispielwörter verwendest.*

....

....

....

....

2. *Blättere auf die Seiten mit dem Glossar (Seite 202 bis Seite 205) und informiere dich über Adverbien, Präpositionen, Konjunktionen und Interjektionen.*

TEST **3**

Lege drei Spalten an und trage alle konjugierten, deklinierten und nicht flektierbaren Wörter des Textes in ihrer Grundform ein (eine Einmalnennung reicht aus).

Der griechische Geschichtsschreiber Herodot bezeichnete Ägypten als ein „Geschenk des Nils“, weil es ohne den Fluss in Ägypten nur Wüste gebe. Wenn der Fluss aber zu wenig anschwoll und kein Hochwasser mitbrachte, führte dies oft zum Verlust der Ernten.

1.2 Das Verb (Tunwort, Tätigkeitswort, Zeitwort)

Was sind Verben – und wozu sind sie gut?

1

Verben drücken Handlungen, Vorgänge oder Zustände aus. Die Hauptfunktion des Verbs im Satz besteht darin, das Prädikat zu bilden. Das Prädikat ist die zentrale Einheit des Satzes, alle anderen Satzteile sind von ihm abhängig (vgl. Satzglieder). Verben sind flektierbar (siehe Seite 8), genauer gesagt konjugierbar. Die **Konjugation** ist die Anpassung an

Person:	1., 2., 3.	ich singe – du singst – er/sie/es singt
Numerus:	Singular (Einzahl) Plural (Mehrzahl)	ich singe – wir singen du singst – ihr singt er singt – sie singen
Tempus:	Plusquamperfekt (3. Vergangenheit), Perfekt (2. Vergangenheit), Präteritum (1. Vergangenheit), Präsens (Gegenwart), Futur I (1. Zukunft), Futur II (2. Zukunft)	ich hatte gesungen ich habe gesungen ich sang ich singe ich werde singen ich werde gesungen haben
Modus:	Indikativ (Wirklichkeitsform) Konjunktiv (Möglichkeitsform) Imperativ (Befehlsform)	wir singen wir sängen Singt!
Genus Verbi:	Aktiv Passiv	er singt es wird gesungen

Wortarten

2

1. **Trage die Verben aus dem Text in ihrer Grundform (Infinitivform) in drei verschiedene Spalten ein. Unterscheide dabei, ob es sich deiner Meinung nach um Verben handelt, die Handlungen, Vorgänge oder Zustände ausdrücken.**

Vor 5000 Jahren entstand in Ägypten eine der größten Kulturen der Antike. Die Ägypter glaubten daran, dass sie auch nach dem Tode weiterleben würden. Während sie selbst in einfachen Lehmhütten wohnten, bauten sie ihren Pharaonen riesige Gräber, wie etwa die Pyramiden. Reich behängten sie die toten Pharaonen mit Gold und füllten die Gräber mit Statuen sowie anderen kostbaren Gegenständen, die Symbole ihres Glaubens und ihrer Macht waren.

Handlungen	*Vorgänge*	*Zustände*

2. **Wir wissen in der Regel „aus dem Bauch heraus", wie sich das Verb in einem bestimmten Satz gegenüber seiner Grundform (Infinitiv) verändern muss, damit der Satz den gewünschten Sinn ergibt.**
   Formuliere folgenden Satz so um, dass
   a) **betont wird, wer die Pyramiden gebaut hat;**
   b) **dem Arbeiterheer befohlen wird, die Pyramiden zu bauen;**
   c) **ausgesagt wird, dass die Pyramiden erst in der Zukunft gebaut werden;**
   d) **ausgesagt wird, dass die Pyramiden gerade gebaut werden.**

Die berühmtesten Pyramiden wurden am Westufer des Nils bei Gizeh von einem Heer von Arbeitern gebaut.

3. Unterstreiche jeweils das Wort einer Reihe, von dem du glaubst, dass es kein Verb in der Grundform ist.

a) teilen – schenken – bienen – dienen
b) blühen – rosen – wachsen – düngen
c) aufhören – aufgaben – aufzählen – aufsetzen
d) freuen – frieren – feuern – frauen
e) menschen – menscheln – tänzeln – tanzen
f) verwalten – beeiden – beamten – schwören

3 TEST

Setze die korrekt konjugierten Verbformen ein. Du kannst sie über den Textzusammenhang (Kontext) erschließen. Manchmal sind mehrere Möglichkeiten richtig. Entscheide dich für eine.

Jede Pyramide .... das Grab eines Pharao (sein).

Das Bauwerk .... Ruhm und Glanz seiner Herrschaft (symbolisieren).

Die kostbaren Grabbeigaben .... zugleich vor Räubern .... (schützen).

Du .... bestimmt schon einmal den Namen der größten Pyramide .... (hören).

Ihr Erbauer .... Cheops (heißen).

Neben ihr .... auch in ferner Zukunft noch die Pyramiden seines Sohnes Chefren und seines Enkels Mykerinus .... (stehen).

Wortarten

1 Person und Numerus bei Verben

Person und Numerus sind vom Subjekt des Satzes abhängig, also vom Satzgegenstand, der besagt, **wer** oder **was** etwas tut oder erleidet. Man unterscheidet zwischen **Singular** (Einzahl) und **Plural** (Mehrzahl).

Singular: **Hunefer** reitet **auf einem Kamel.**

Plural: **Hunefer und Nefertari** reiten **auf einem Kamel.**

Man unterscheidet die **1. Person**, die **2. Person** und die **3. Person.** Die Unterscheidungen beziehen sich auf die sogenannten Gesprächsrollen:

		Singular (Sg.)	*Plural (Pl.)*
1. Person	die sprechende/ schreibende Person	ich trinke	wir trinken
2. Person	die angesproche-ne/lesende Person	du trinkst Höflichkeitsform: Sie trinken	ihr trinkt Höflichkeitsform: Sie trinken
3. Person	die besprochene/ beschriebene Person	er/sie/es trinkt	sie trinken

Mit dem Wort **Person** ist die **grammatische Person** gemeint. Damit sind also nicht nur „echte" Personen, sondern auch **Nicht-Personen** wie **Tiere, Pflanzen, Dinge, Abstrakta** gemeint.

Hunefer hatte Durst. → Er hatte Durst. (Person)
Sein Kamel war genügsam. → Es war genügsam. (Tier)
Die Hitze machte ihm nichts aus. → Sie machte ihm nichts aus. (Abstraktum)
Der Sand drang durch alle Ritzen. → Er drang durch alle Ritzen. (Ding)

Tipp:
Abstrakta (Sg. Abstraktum) bezeichnen nicht dingliche, sinnlich nicht wahrnehmbare Erscheinungen (Ruhe, Liebe, Dummheit, Freundschaft, Verstand, Seele ...). Konkreta (Sg. Konkretum) bezeichnen dagegen etwas Dingliches, etwas, das sinnlich wahrgenommen werden kann (Mensch, Hund, Baum, Berg, Hunefer ...).

1. Fülle die Tabelle aus.

2

fliegen	*Sg.*	*Pl.*	*reden*	*Sg.*	*Pl.*
1. Pers.	ich fliege		1. Pers.		wir reden
2. Pers.			2. Pers.		
3. Pers.			3. Pers.		
fragen	*Sg.*	*Pl.*	*hüpfen*	*Sg.*	*Pl.*
1. Pers.			1. Pers.		
2. Pers.			2. Pers.		
3. Pers.	sie fragt		3. Pers.		

2. Schreibe persönliche Fürwörter (Personalpronomen) vor die Verbformen aus dem Wortvorrat und bestimme sie genau. Bei einigen Formen gibt es mehrere Lösungsmöglichkeiten.

Beispiel: *fragt* – er/sie/es *fragt* (3. Pers. Sg.)/ihr *fragt* (2. Pers. Pl.)

streitest – leugnen – renne – malt – hältst – denken

3 TEST

Setze die korrekt konjugierte Verbform ein und bestimme sie.

Heute ....gehen.... / ....1. Pers. Pl.... wir ins Reisbüro (gehen). Meine Eltern .... / .... unbedingt nach Ägypten fliegen (wollen). „Ich .... / .... Flugreisen“ (hassen), nörgle ich. „Du .... / .... doch gar nicht (wissen), wie schön es dort .... / .... (sein)“, ... / .... Papa (schimpfen). „Du .... / .... auch auf einem Kamel reiten“ (dürfen), ... / .... mich meine Mutter (locken). Genervt .... ich .... / .... (vorschlagen): „Ihr .... / .... euch die Steintrümmer doch alleine anschauen (können).“ „Wir .... / .... jeden zweiten Tag am Strand (faulenzen), in Ordnung?“, ... / .... Papa (versprechen). Seltsam, jedes Mal .... / .... ich mich überzeugen (lassen).

Wortarten

1 Überblick Tempus (Zeitform) und Präsens (Gegenwart)

Im Deutschen werden sechs Tempora (Zeitformen) voneinander unterschieden. Eine Tempusform, das **Präsens**, dient vor allem der Darstellung **gegenwärtiger Ereignisse oder Zustände**. Zwei Tempusformen, das **Futur I** und **Futur II**, werden zur Darstellung **zukünftiger Ereignisse oder Zustände** eingesetzt. Gleich mit drei Tempusformen, nämlich dem **Präteritum**, dem **Perfekt** und dem **Plusquamperfekt**, können **vergangene Ereignisse oder Zustände** dargestellt werden.
Nicht immer ist die Zuordnung aber so einfach, wie eben beschrieben. Wenden wir uns zunächst dem Präsens zu.
Das Präsens (Gegenwart) wird folgendermaßen gebildet:
Verbstamm + Personalendung.

	Singular		*Plural*	
1. Pers.	Verbstamm + e	ich lache	Verbstamm + en	wir lachen
2. Pers.	Verbstamm + st	du lachst	Verbstamm + t	ihr lacht
3. Pers.	Verbstamm + t	er/sie/es lacht	Verbstamm + en	sie lachen

Das Präsens wird gebraucht, um auszudrücken, dass
- etwas im aktuellen Augenblick ist oder geschieht:
  Die Sonne brennt vom Himmel herab. Hunefer bohrt in der Nase.
- etwas allgemeine Gültigkeit hat:
  Das Dromedar gehört zu den Säugetieren. Der Nil ist 6671 Kilometer lang.
- es sich um sich ständig wiederholende Vorgänge handelt:
  Hunefer und seine Geschwister holen zweimal täglich Wasser vom Brunnen.
- etwas besonders spannend (szenisches Präsens) oder historisch bedeutsam (historisches Präsens) ist:
  Auf einmal reißt der Strom das Fischerboot mit sich.
  30 v. Chr. stirbt Kleopatra, die letzte ägyptische Königin.
- etwas in der Zukunft geschieht (diese Verwendung benötigt Zeitangaben, die auf die Zukunft verweisen).
  Übermorgen trifft eine Karawane an der Oase ein. Nächstes Jahr reist Hunefer mit den Händlern mit.

1. Bilde mit den Personalendungen -t und -en aus den Nomen (Hauptwörtern) im Oval Verben im Präsens. 2

-t		-en
....	Bitte	....
....	Freude	....
....	Ruf	....
....	Antwort	....
....	Dank	....

2. Was fällt dir auf, wenn du anschließend die exakte Verbform der Wörter aus Aufgabe 1 bestimmen willst?

3. Warum wird in den Sätzen das Präsens verwendet? Sieh dir als Hilfe auf Seite 16 nochmals an, wozu das Präsens gebraucht wird. Schreibe deine Begründung ins Heft.

a) Kleopatra zählt zu den bekanntesten Persönlichkeiten der Geschichte.
b) Ihr Leben wird immer wieder verfilmt.
c) Das Ägyptische Museum in Berlin zeigt eine Sonderausstellung zu Kleopatra.
d) Nächstes Jahr sieht man die Ausstellungsstücke in Paris.
e) 48 vor Christus kommt Julius Cäsar in die ägyptische Stadt Alexandria und er und Kleopatra werden ein Liebespaar.

4. Ergänze die richtige Endung.

a) Ich geh....... in den Tempel.

b) Er komm....... aus Nubien am Obernil.

c) Ihr lern....... die Hieroglyphen.

d) Du schreib....... auf Papyrus.

e) Sie zieh....... durch die Wüste.

f) Wir bau....... ein Grabmal.

g) Er und ich reit....... um die Wette.

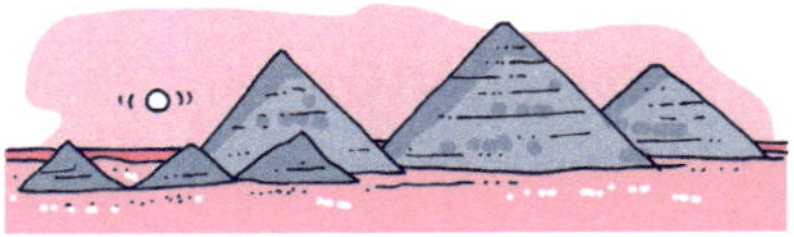

5. Forme alle Sätze des Textes, in dem beschrieben wird, wie die Ägypter Papyrus herstellen, in die 2. Person Plural Präsens um.

Um Papyrus herzustellen, schneiden sie das Mark der Papyrusstängel in bis zu vier Zentimeter breite Streifen. Sie legen diese leicht überlappend aneinander. Anschließend pressen sie zwei einander kreuzweise überlagernde Schichten dieser Streifen zu einem festen Blatt. Gleich darauf klopfen sie die Schichten mit einem glatten Stein zusammen. Danach trocknen sie die „Platte", die von der Klebekraft des stärkehaltigen Pflanzensafts zusammengehalten wird. Endlich können sie den Papyrus bemalen oder beschreiben. Viele dieser „Einzelplatten" verkleben sie zu ganzen Rollen.

6. Welche Veränderungen ergeben sich durch den Umbau der Aufgabe 5?

Tipp:
In der deutschen Sprache gibt es die Möglichkeit, an den Infinitiv, also die Grundform des Verbs, Vorsilben, sogenannte **Präfixe**, anzubauen. Dadurch erhalten die Verben eine **andere Bedeutung** und gehen als neue Vokabel in den Wortschatz ein.
brennen – abbrennen, bauen – anbauen, teilen – zerteilen, stellen – umstellen, gehen – untergehen, fahren – heimfahren ...
Das Problem bei den Präfixen ist, dass einige im Satz vom eigentlichen Verb getrennt werden und andere nicht. Die Regel lautet: Wenn das Präfix betont wird, ist es trennbar, wenn es nicht betont wird, ist es nicht trennbar.
Der Baumeister **entdeckt** die Lücke im Damm.
Der Pharao **deckt** die Verschwörung **auf**.
Im letzten Satz gehört „auf" zum Verb, es bildet mit „deckt" die sogenannte **Verbklammer**.

7. Entscheide, ob das vorangestellte Verb in den folgenden Sätzen getrennt werden muss oder nicht, indem du die korrekte Präsensform in die Lücke einsetzt.

a) *abstellen:*
Der Bauer .... das Bewässerungsrad ....

b) *aufstellen:*
Der Pharao .... ein neues Heer ....

c) *verstellen:*
Hunefer .... seine Stimme beim Spiel mit seinen Schwestern ....

3 **TEST**

Unterstreiche und bestimme die flektierte Form des Verbs (Person, Numerus, Tempus).

a) Die Ägypter tragen Kleidung aus Leinen. ....

b) Du wickelst den Stoff wie einen Rock um die Hüfte. ....

c) Ich habe bei der Arbeit nur einen Leinenschurz an. ....

d) Ihr schützt euch mit Tierfellen vor der Kälte. ....

e) Sie trägt ihre Schuhe aus Schilf auf. ....

f) Ägypterinnen schmücken sich gerne mit einem Fußring.
....

g) Wir benutzen einen Straußenfederfächer gegen die Hitze.
....

h) Das Haar kämmt ihr mit einem Elfenbeinkamm. ....

i) Hunefer isst viel Getreidebrei. ....

j) Meine Haut pflege ich mit Salben aus natürlichen Rohstoffen.
....

k) Wir schminken uns mithilfe eines Handspiegels. ....

Wortarten

1 Die Bildung der Vergangenheitsformen

Die **Vergangenheitsformen** werden folgendermaßen gebildet.
Präteritum: bei **schwachen Verben:** Verbstamm + te + Personalendung

	Singular		*Plural*	
1. Pers.	Verbstamm + te	ich lachte	Verbstamm + te-n	wir lachten
2. Pers.	Verbstamm + te-st	du lachtest	Verbstamm + te-t	ihr lachtet
3. Pers.	Verbstamm + te	er/sie/es lachte	Verbstamm + te-n	sie lachten

Präteritum: bei **starken Verben:** Stammvokalaustausch (+ Personalendung)

	Singular		*Plural*	
1. Pers.	Vokalaustausch	ich nahm	Vokalaustausch + en	wir nahmen
2. Pers.	Vokalaustausch + st	du nahmst	Vokalaustausch + t	ihr nahmt
3. Pers.	Vokalaustausch	er/sie/es nahm	Vokalaustausch +en	sie nahmen

Perfekt: Präsensform der Hilfsverben „haben"/„sein" + Partizip II des aussagenden Verbs

	Singular		*Plural*	
1. Pers.	haben + Partizip II	ich habe gearbeitet	haben + Partizip II	wir haben gearbeitet
2. Pers.		du hast gearbeitet		ihr habt gearbeitet
3. Pers.		er/sie/es hat gearbeitet		sie haben gearbeitet
	Singular		*Plural*	
1. Pers.	sein + Partizip II	ich bin gegangen	sein + Partizip II	wir sind gegangen
2. Pers.		du bist gegangen		ihr seid gegangen
3. Pers.		er/sie/es ist gegangen		sie sind gegangen

Plusquamperfekt: Präteritumsform der Hilfsverben „haben"/„sein" + Partizip II des aussagenden Verbs

	Singular		*Plural*	
1. Pers.	haben + Partizip II	ich hatte gearbeitet	haben + Partizip II	wir hatten gearbeitet
2. Pers.		du hattest gearbeitet		ihr hattet gearbeitet
3. Pers.		er/sie/es hatte gearbeitet		sie hatten gearbeitet
	Singular		*Plural*	
1. Pers.	sein + Partizip II	ich war gegangen	sein + Partizip II	wir waren gegangen
2. Pers.		du warst gegangen		ihr wart gegangen
3. Pers.		er/sie/es war gegangen		sie waren gegangen

1. *Unterstreiche die falschen Verbformen und schreibe die richtigen in der Reihenfolge des Textes in dein Heft. Welcher Fehler wurde denn begangen?* **2**

Die Steinblöcke für die Pyramiden werdeten in den Bergen westlich des Nils aus dem Fels geschlagen. Man fahrte sie auf Flößen den Nil hinab. Männer ziehten sie auf Schlitten und Holzwalzen zum Bauplatz. Aufgeschichtete Erde bildete dann die Rampe bis zur Spitze der Pyramide. Über 20 000 Menschen arbeiteten gleichzeitig am Bau, nicht Sklaven, sondern angesehene Bürger, Bauern, Handwerker, denn sie begreiften es als eine Ehre, am Bau mitzuhelfen. Die Arbeit reibte auf, da die Ägypter zu dieser Zeit weder Rad noch Flaschenzug kennten. Ein Meisterwerk war es auch, wie die Ägypter die vielen Arbeiter verköstigten.

2. *Suche jeweils zehn Verben, deren Perfektform mit dem Hilfsverb „haben“ und „sein“ gebildet wird. Schreibe jeweils den Infinitiv und die Verbform in der 1. Pers. Pl. Perfekt auf (Hefteintrag). Wo fällt es dir leichter, Beispiele zu finden?*

a) Verben mit „haben“: riechen/wir haben gerochen ...
b) Verben mit „sein“: kriechen/wir sind gekrochen ...

3 **TEST**

Verbinde die Verbform mit der passenden Bestimmung durch eine Linie.

sie bauten	1. Pers. Sg. Präteritum
wir haben gegessen	3. Pers. Sg. Präteritum
du hattest gewartet	3. Pers. Sg. Plusquamperfekt
sie sägte	1. Pers. Pl. Perfekt
du hast gehackt	2. Pers. Sg. Plusquamperfekt
er hatte geschnitten	2. Pers. Sg. Perfekt
ihr habt gefragt	3. Pers. Pl. Präteritum
ich faulenzte	2. Pers. Pl. Perfekt

1 Der Gebrauch der Vergangenheitsformen

Das **Präteritum** (Imperfekt/Erzählvergangenheit/Mitvergangenheit) wird gebraucht, um auszudrücken, dass ein Vorgang in der Vergangenheit begonnen hat und auch in der Vergangenheit abgeschlossen worden ist.
Damit ist es die **typische Tempusform für Erzählungen, Märchen, Kurzgeschichten, Romane** ... In der gesprochenen Sprache wird das Präteritum in Süddeutschland, in Österreich und der Schweiz sehr selten verwendet.

Der Sandsturm verbarg die Dattelpalmen hinter einer Staubwolke, man hörte seine eigene Stimme kaum.

Das **Perfekt** (vollendete Gegenwart) wird gebraucht, um auszudrücken, dass:

- ein Vorgang, der in der Vergangenheit begonnen hat, entweder selbst noch oder seine Auswirkung bis in die Gegenwart andauert.

  Die Sanddünen sind Richtung Nildelta gewandert.
  Im Geschichtsunterricht haben die Schüler von der ägyptischen Hochkultur erfahren.

- ein Ereignis zeitlich vor einem anderen stattgefunden hat, das in der Präsensform dargestellt wird.

  Hunefer weiß, wo die Karawane hinzieht, weil er mit dem Karawanenführer gesprochen hat. Sein Vater hat fleißig gespart und kauft sich heute ein neues Dromedar.

Das **Plusquamperfekt** (vollendete Vergangenheit) wird gebraucht, um auszudrücken, dass:

- ein Ereignis zeitlich vor einem anderen stattgefunden hat, das in der Präteritumsform dargestellt wird.

  Der Pharao fuhr mit seiner Barke von Gizeh nach Luxor. Zuvor hatten die Priester für einen günstigen Reiseverlauf gebetet. Obwohl es im Quellgebiet des Nil wochenlang geregnet hatte, fiel das Hochwasser sehr niedrig aus.

Tipp:
In manchen (vor allem älteren) Grammatiken wird statt des Begriffes Präteritum die Bezeichnung Imperfekt verwendet. Diese Bezeichnung stammt allerdings aus der Grammatik des Lateinischen.

2

1. Unterstreiche die Verbformen in der Vergangenheit, schreibe sie heraus und bestimme sie genau. Erläutere, warum welche Vergangenheit verwendet wurde.

Um die Körper auch für die Ewigkeit nach dem Tode frisch zu halten, mumifizierten die Ägypter die toten Pharaos. Dadurch haben sie viele dieser alten Könige und Königinnen bis heute erhalten. Nachdem man die Körper mit Salböl behandelt hatte, umwickelte man sie mit Binden. Diesen Körpern entzog man durch Salz vor allem das Wasser, sodass sie noch heute als Mumien in Museen ausgestellt werden können.

....

....

....

....

....

....

....

2. Formuliere die Erzählung des Bauern mit den Perfektformen der gesprochenen Sprache in Schriftsprache mit Präteritumsformen um. Schreibe in dein Heft.

„Nach der Aussaat haben wir Schafe über die Äcker getrieben, damit sie die Körner eintraten. Bei der Ernte haben wir die Ähren mit Sicheln abgeschnitten und in Körbe und Netze geworfen. Die Körbe sind sehr groß gewesen, zwei Männer haben je einen an einem Stock befestigt und ihn so übers Feld getragen. In der Tenne haben dann die mit Rufen und Stöcken angetriebenen Ochsen oder Esel das Korn ausgetreten.“

Wortarten

3. Betrachte nochmals die Regeln zum Gebrauch von Präteritum und Perfekt. Kreuze die Sätze im passenden Tempus an.

a) ☐ Die Pyramiden verwitterten stark.
b) ☐ Die Pyramiden sind stark verwittert.
c) ☐ Cheops herrschte etwa 2620 bis 2580 vor Christus.
d) ☐ Cheops hat etwa 2620 bis 2580 vor Christus geherrscht.
e) ☐ Der Bruder Kleopatras ertrank im Nil.
f) ☐ Der Bruder Kleopatras ist im Nil ertrunken.
g) ☐ Forscher entschlüsselten die Bedeutung der Hieroglyphen.
h) ☐ Forscher haben die Bedeutung der Hieroglyphen entschlüsselt.
i) ☐ Die Bauern bauten Bohnen, Linsen und Getreide an.
j) ☐ Die Bauern haben Bohnen, Linsen und Getreide angebaut.

Tipp:
Wenn ich ausdrücken will, dass etwas bereits vor der Haupthandlung passiert ist, muss ich das Tempus anpassen. Wird die Haupthandlung im Präsens verfasst, muss man Perfekt für die vorzeitige Handlung wählen, steht die Haupthandlung in der Vergangenheitsform, muss man in jedem Fall für die vorzeitige Handlung das Plusquamperfekt wählen.

4. Setze im richtigen Tempus ein und bestimme die Zeitstufe.

a) Nachdem die Tiere das Korn aus den Ähren

.... (..................................)

(treten), *wirft* man das Getreide mit hölzernen Kellen in die Luft, um die Spreu von den Körnern zu trennen.

b) Nachdem die Bauern dem Herrn Proben des gesäuberten Korns zur

Prüfung ....

(..................................)(vorlegen), *registrierte* man die Menge und *brachte* es zum Kornspeicher.

5. Setze die kursiv gedruckten Verben aus Aufgabe 4b) ins Präsens. Wie muss das Verb in der Lücke geändert werden? Bestimme auch hier die Zeitstufe. Schreibe in dein Heft.

3 TEST

Fülle in den Lückentext jeweils das geeignete Verb in der passenden Vergangenheitsform ein. Bestimme die Form in der Klammer dahinter. Folgende Verben solltest du verwenden:

wollen, anrichten, verloren gehen, werden, vermindern, verwüsten, stehlen, eindringen

Vieles von den Kunstschätzen ....

(..................................), da viele Könige die Gräber und Statuen

ihrer Vorgänger ....

(..................................). Sie ....

(..................................) damit die Erinnerung an sie zerstören.

Außerdem .... Grabräuber viel

.... (..................................).

Bevor sie in die Grabkammern ....

(..................................), ...
sie durch die Ausschachtungen große Schäden

.... (..................................).
Bei einem Brand in der Bibliothek von Alexandria

.... (..................................)
viele der alten Schriften ein Raub der Flammen. Alle diese Ereignisse

.... die Begeisterung für die

ägyptische Kultur jedoch nicht ....

(..................................).

1 Bildung und Gebrauch der Zukunftsformen

Die Zukunftsformen werden folgendermaßen gebildet:
Futur I: Präsensform des Hilfsverbs „werden“ + Infinitiv des aussagenden Verbs

	Singular		*Plural*	
1. Pers.	werden + Infinitiv	ich werde singen	werden + Infinitiv	wir werden singen
2. Pers.		du wirst singen		ihr werdet singen
3. Pers.		er/sie/es wird singen		sie werden singen

Futur II: Präsensform des Hilfsverbs „werden“ + Partizip II des aussagenden Verbs + Infinitiv des Hilfsverbs „haben“/„sein“

	Singular		*Plural*	
1. Pers.	werden + Partizip II + haben	ich werde gearbeitet haben	werden + Partizip II + haben	wir werden gearbeitet haben
2. Pers.		du wirst gearbeitet haben		ihr werdet gearbeitet haben
3. Pers.		er/sie/es wird gearbeitet haben		sie werden gearbeitet haben
	Singular		*Plural*	
1. Pers.	werden + Partizip II + sein	ich werde gegangen sein	werden + Partizip II + sein	wir werden gegangen sein
2. Pers.		du wirst gegangen sein		ihr werdet gegangen sein
3. Pers.		er/sie/es wird gegangen sein		sie werden gegangen sein

Das Futur I **(einfache Zukunft)** drückt aus, dass

- ein Ereignis in der Zukunft stattfindet.
  Wir werden unseren Urlaub in Ägypten verbringen. Wir werden in Kairo, der Hauptstadt Ägyptens, landen.
- es sich um eine Vermutung oder Hoffnung handelt.
  Wenn Papa auf einem Kamel reitet, wird ihm wohl schlecht werden. Hunefer hofft, dass sein Vater auch ihm ein Kamel kaufen wird.
- es sich um eine Aufforderung oder ein Verbot handelt.
  Ihr werdet sofort aufhören, auf den Pyramiden herumzuklettern.
- ein Ereignis zeitlich nach einem anderen stattfinden wird, das in der Präsensform dargestellt wird (Zeitenfolge).
  Wenn er seinen Vater freundlich darum bittet, wird er ihm seinen Wunsch erfüllen.

Das Futur II **(vollendete Zukunft)** wird gebraucht, um auszudrücken, dass

- ein Ereignis zu einem bestimmten Zeitpunkt in der Zukunft stattgefunden hat und beendet ist.
  Beim nächsten Vollmond wird die Karawane bereits aufgebrochen sein. Morgen um diese Zeit werde ich meine Prüfung überstanden haben. Beim nächsten Kamelrennen wird Hunefers Vater sein neues Dromedar bereits eingeritten haben.
- es sich um eine Vermutung über Vergangenes handelt.
  Sein Vater wird den Wunsch schon nicht vergessen haben.
- ein Ereignis zeitlich nach einem anderen stattgefunden haben wird, das in der Präsensform (Zeitenfolge) dargestellt wird.
  Falls die Regenfälle am Oberlauf des Nils ausbleiben, wird die Ernte nächstes Jahr um diese Zeit vertrocknet sein.

1. *Setze ins Futur I (einfache Zukunft) und ins Futur II (vollendete Zukunft).* **2**

Beispiel: Dromedare speichern viel Wasser im Körper.

– Dromedare werden viel Wasser im Körper speichern. (Futur I)

– Dromedare werden viel Wasser im Körper gespeichert haben. (Futur II)

a) Dem Kot wird vor der Ausscheidung die meiste Flüssigkeit entzogen.

– ....

.... (Futur I)

– ....

.... (Futur II)

b) Der Rückenhöcker enthält Fettvorräte.

– ....

.... (Futur I)

– ....

.... (Futur II)

c) Die Körpertemperatur von Dromedaren sinkt nachts stark ab.

– ....

.... (Futur I)

– ....

.... (Futur II)

d) Tagsüber wärmt sich der Körper nur langsam auf.

– ....

.... (Futur I)

– ....

.... (Futur II)

2. Bestimme die Verbformen in den wörtlichen Reden und erkläre kurz, warum hier eine Futurform verwendet wird. Schreibe in dein Heft.

a) Hunefer träumt: „Irgendwann werde ich Baumeister werden und die höchsten Pyramiden bauen."

b) Seine Schwestern Nefertari und Nephtis lachen: „Du wirst Datteln anbauen wie dein Vater auch."

c) Hunefer ist überzeugt: „In zwanzig Jahren werde ich Ägyptens schönstes Grabmal errichtet haben."

d) Nephtis weiß: „Auf jeden Fall werden wir alle zwanzig Jahre älter geworden sein."

e) Nefertari witzelt: „Wenn du ein berühmter Baumeister bist, wird Nephtis in die Pharaonenfamilie einheiraten."

f) Hunefers Mutter schimpft: „Ihr werdet sofort mit dem Blödsinn aufhören!"

3 TEST

Du kennst inzwischen alle Tempusformen. Unterstreiche alle flektierten Verben im Text, schreibe sie aus dem Text heraus und bestimme Person, Numerus und Tempus.

Leider wirst du folgende Geschichte bald vergessen haben:
Nachdem die Menschen das Kamel zum ersten Mal gesehen hatten, wunderten sie sich über die Größe des Tieres und stürzten ängstlich davon. „Sie werden uns umbringen!“, schrien die Menschen voller Panik. Bald merkten sie aber, dass die unbekannten Tiere nicht so furchtbar waren, wie sie es erwartet hatten, sondern dass man sie leicht bändigen konnte. Sie fingen es mit geringer Mühe ein. Ganz geduldig wird das Kamel nämlich alles mit sich geschehen lassen, wenn man es gewaltlos behandelt. Denn instinktiv weicht es jeder körperlichen Gefahr aus. Bald fingen wir Menschen an, das Kamel zu verachten, weil es trotz seiner Größe und Stärke sich nie widerspenstig gezeigt hatte, sondern sich jede wörtliche Kränkung ruhig gefallen lassen hatte. Unsere Vorfahren zäumten es auf und ließen es sogar von ihren Kindern leiten. Das kennst du heute bestimmt aus dem Zoo. Wir haben es zum Haustier gemacht und werden es auch in Zukunft zu unserem Nutzen verwenden. Du sollst an diese Geschichte denken, wenn du folgendes Schimpfwort vernommen hast: „Dummes Kamel!“

1 Modus (Aussageweise) – Überblick, Indikativ und Imperativ

Im Deutschen können Verben in drei Modi (Aussageweisen) vorkommen: dem Indikativ (Wirklichkeitsform), dem Imperativ (Befehlsform) und dem Konjunktiv (Möglichkeitsform) in den verschiedenen Formen des **Konjunktivs I** bzw. **Konjunktivs II**.

Er reist an den Nil. (Indikativ)
Er sagt, er reise bald an den Nil. (Konjunktiv I)
Er sagt, er würde bald an den Nil reisen. (Konjunktiv II)
Reise bald an den Nil! (Imperativ)

Der Indikativ ist die Modusform des Verbs, mit der in der Regel neutrale **Aussagen** gemacht werden. Das ist die „normale“ Aussageweise. Wenn wir reden oder schreiben, benutzen wir meist den Indikativ.

Der Mond scheint hell. Die Geschwister sind rasch eingeschlafen. Morgen wird ein anstrengender Tag.

Bildung des Indikativ: Zu dessen Gebrauch und der Bildung der verschiedenen Zeitstufen von Verben im Indikativ war auf den vorigen Seiten viel zu lesen und zu üben. Alle Beispiele zu Person, Numerus und Tempus von Verben sind im Indikativ verfasst.

Der Imperativ dient dazu, **Befehle, Bitten** und **Aufforderungen** auszudrücken.

Geh mir aus der Sonne! Hole mir bitte ein Brot! Seid doch nicht so gemein! Regen Sie sich nicht so auf!

Bildung des Imperativ: Im Singular benutzt man dazu den Verbstamm, an den ein „e“ angehängt werden kann. Im Plural gebraucht man den Verbstamm mit einem angehängten „t“. Bei Verben mit „e“ als Stammvokal wird dieser im Imperativ Singular oft zu „i“ umgeformt.

Singular		*Plural*	
Verbstamm (+ e)	sing(e)	Verbstamm + t	singt
	tanz(e)		tanzt
Verbstamm „e“ zu „i“	nimm		nehmt
	iss		esst

Die Höflichkeitsform mit „Sie“ birgt eine Besonderheit: Hier wird an den Verbstamm „en“ angehängt.

Singen Sie! Nehmen Sie! Tanzen Sie!

1. Formuliere die Sachverhalte im passenden Imperativ. Drücke aus, dass … **2**

a) Hunefer den Kamelmist wegbringen soll.

....

b) Nephtis und Nefertari Wasser vom Brunnen holen sollen.

....

....

c) die Kamele aufhören sollen, die Datteln zu fressen.

....

....

d) der Architekt das Grabmal größer bauen soll.

....

e) die Dienerinnen Eselsmilch in die Wanne Kleopatras einfüllen sollen.

....

....

f) die hohen Priester den Göttern vor dem Kriegszug Opfergaben darbieten sollen.

....

....

g) Hunefers Vater die Dattelernte auf dem Markt verkaufen soll.

....

....

2. Formuliere die Imperativ-Sätze aus Aufgabe 1 um, indem du die Höflichkeitsform des Imperativs mit „Sie“ benutzt.

....

....

....

....

....

....

....

....

....

....

....

3. Markiere „richtige“ Imperative und andere Formen, Befehle bzw. Aufforderungen auszudrücken, in verschiedenen Farben.

Um nach dem Tod im Jenseits weiterleben zu können, mumifizierten die Ägypter ihre Toten. Hier die wichtigsten Regeln dafür:
Zunächst müsst ihr das Gehirn herausholen. Verquirlt es dazu mit einem durch das Nasenloch eingeführten Haken. Füllt den leeren Kopf jetzt mit Leinen. Man sollte nun die Organe aus dem Körper entfernen. Setzt dazu einen Schnitt links unten zwischen Hüfte und Leiste. Das Herz dürft ihr aber nicht entnehmen. Legt den Körper 40 Tage lang in Natron, um ihm das Wasser zu entziehen. Wenn die Trocknung abgeschlossen ist, soll der Körper mit harzgetränktem Leinen, Sägemehl oder Natronkristallen ausgestopft werden. Massiert die Haut nun mit Ölen ein. Als letzten Schritt müsst ihr die Mumie in feste Bandagen einwickeln. Zu guter Letzt setzt dem Verstorbenen die Totenmaske auf.

4. Formuliere die Sätze aus Übung 3 mit den anderen Formen zu „richtigen“ Imperativsätzen um.

....

....

....

....

3 TEST

Setze die Verben in ihrer korrekten Form an passender Stelle ein.

lenken, sein, schenken, erfreuen, hören, beschützen, erhören, erhalten, sorgen, kommen, lassen

Oh ihr Götter, Herren der Wahrheit, ... mein Gesuch. .... auf die Bitten dessen, der euch anruft, und .... zu dem, der nach euch ruft. Anubis, du Totengott, ... meine Vorfahren und .... mir noch lange die Freude am Leben. Ka, mein Doppelgänger und Schutzgeist, ... mir ein gutes Schicksal und .... mir die Lebenskraft. Horus, du Falkengott, ... für Recht und Ordnung, damit Maat, die Göttin der Gerechtigkeit, ihr Werk verrichten kann. Re, du Herr des Himmels und der Welt, dessen Auge die Sonnenscheibe ist, ... die Geschicke der Welt zu unser aller Wohl. .... meiner Hochachtung gewiss und .... mein Herz durch eure Weisheit.

1

Der Konjunktiv I – Gebrauch und Bildung (Präsens)

Der Konjunktiv I wird vor allem gebraucht, um etwas in indirekter Rede auszudrücken.

Hunefers Mutter sagte, er solle nicht in der Nase bohren.

Hunefer erwiderte, er bohre niemals in der Nase.

Damit drückt man Distanz zum Wahrheitsgehalt des Gesagten aus. Ob Hunefers Aussage stimmt, weiß man nicht.

Auch in Rezepten wird der Konjunktiv I oft verwendet: **Man nehme zwei Eier, etwas Mehl und Zucker ...**

Mit Hilfe des Konjunktivs I kann man also auch **Aufforderungen** ausdrücken. Statt **Nimm endlich das Brot!** zu sagen, kann man also auch so formulieren: **Nehme er endlich das Brot.** Das ist dann zugegebenermaßen sehr altmodisch und nicht mehr gebräuchlich. In alten Geschichten (etwa in Sagen, Märchen und Legenden) kann das durchaus vorkommen.

Bildung des Konjunktivs I: Im Präsens orientiert man sich an den Formen des **Indikativ Präsens**: An den Verbstamm wird die Personalendung des Konjunktivs gehängt.

	Singular		*Plural*	
1. Pers.	Verbstamm + e	ich lache	Verbstamm + en	wir lachen
2. Pers.	Verbstamm + est	du lachest	Verbstamm + et	ihr lachet
3. Pers.	Verbstamm + e	er/sie/es lache	Verbstamm + en	sie lachen

Tipp:
Man kann den Konjunktiv I auch verwenden, um Wünsche auszudrücken.
Hunefer lebe hoch! Pharao Tutenchamun ruhe in Frieden.

2

1. Schlage die Seite mit den Präsensformen des Indikativs auf (S. 16) und vergleiche die oben angeführten Formen des Konjunktiv I damit. Welche Formen (Person, Numerus) sind gleich, welche unterschiedlich? Schreibe in dein Heft.

Tipp:
Der Konjunktiv I von **sein** wird in keinem Fall wie die Indikativ-Form gebildet, da man den Verbstamm **sei** mit angehängter Personalendung verwendet.

2. Setze die korrekte Form von „sein“ ein.

Hunefer lobt, dass	ich	so freundlich und zuvorkommend	
	du		
	er		
	wir		
	ihr		
	sie		

3. Forme die wörtliche Rede in die indirekte Rede mit dem Konjunktiv I um. Schreibe in dein Heft.

a) Er schimpft mit euch: „Ihr bringt mich auf die Palme!“
b) Sie entgegnet: „Das juckt mich nicht.“
c) Sie motzt mit dir: „Du lügst mich an!“

Forme das Rezept für ägyptisches Fladenbrot so um, dass du das Pronomen „man“ mit dem Konjunktiv I verwendest.

3 TEST

Beispiel: Du füllst Mehl mit etwas Salz in eine Schüssel.
Man fülle Mehl mit etwas Salz in eine Schüssel.

Jetzt musst du in die Mitte eine tiefe Mulde drücken. Gib Hefe in lauwarmes Wasser und rühre um, bis sich die Hefe auflöst. Dieses Hefewasser musst du jetzt in die Mulde gießen. Du kannst Kräutern hinzuzufügen. Dann musst du den Teig geschmeidig kneten und wenige Tropfen Wasser zufügen, bis sich der Teig locker vom Schüsselrand löst. Der Teig soll jetzt etwa eine halbe Stunde an einem warmen Ort gehen. Den Hefeteig musst du nun zu einem flachen Fladenbrot formen. Ritze die Oberfläche vom Fladenbrot mit einem Messer rautenförmig ein und besprenge es mit ein wenig Salzwasser. Jetzt muss das Brot etwa 20 Minuten in dem auf 200 Grad vorgeheizten Ofen hell goldbraun backen werden.

Wortarten

1 Der Konjunktiv I – weitere Zeitstufen

Den Konjunktiv I gibt es auch in einer Vergangenheitsform und zwei Zukunftsformen.

Hunefer klagt, das Kamel sei weggelaufen.
(Hunefer: „Es ist weggelaufen.")
Nephtis verspricht, sie werde die Datteln waschen.
(Nephtis: „Ich werde die Datteln waschen.")
Nephtis versprach, sie werde die Datteln morgen gewaschen haben. (Nephtis: „Ich werde die Datteln morgen gewaschen haben."

Bildung des Konjunktivs I: Die **Vergangenheitsform** orientiert sich am **Indikativ Perfekt:** An den Verbstamm des Hilfsverbs **haben** bzw. **sein** wird die Personalendung gehängt, und es kommt das **Partizip II** des aussagenden Verbs hinzu.

	Singular		*Plural*	
1. Pers.	Verbstamm + e	ich habe gelacht	Verbstamm + en	wir haben gelacht
2. Pers.	Verbstamm + est	du habest gelacht	Verbstamm + et	ihr habet gelacht
3. Pers.	Verbstamm + e	er/sie/es habe gelacht	Verbstamm + en	sie haben gelacht
	Singular		*Plural*	
1. Pers.	Verbstamm	ich sei gegangen	Verbstamm + en	wir seien gegangen
2. Pers.	Verbstamm + est	du seiest gegangen	Verbstamm + et	ihr seiet gegangen
3. Pers.	Verbstamm	er/sie/es sei gegangen	Verbstamm + en	sie seien gegangen

Bildung des Konjunktivs I: Bei den **Zukunftsformen** haben wir zwei Möglichkeiten: Wenn man sich am **Indikativ Futur I** orientiert, braucht man den Verbstamm mit der Personalendung des Hilfsverbs **werden** und den **Infinitiv** des aussagenden Verbs.

	Singular		*Plural*	
1. Pers.	Verbstamm + e	ich werde lachen	Verbstamm + en	wir werden lachen
2. Pers.	Verbstamm + est	du werdest lachen	Verbstamm + et	ihr werdet lachen
3. Pers.	Verbstamm + e	er/sie/es werde lachen	Verbstamm + en	sie werden lachen

Oder man orientiert sich am **Indikativ Futur II:** Dazu benötigt man ebenfalls den Verbstamm mit der Personalendung des Hilfsverbs **werden,** diesmal kommen jedoch das **Partizip II** des aussagenden Verbs und der **Infinitiv** des Hilfsverbs **haben** bzw. **sein** hinzu.

	Singular		*Plural*	
1. Pers.	Verbstamm + e	ich werde gelacht haben	Verbstamm + en	wir werden gelacht haben
2. Pers.	Verbstamm + est	du werdest gelacht haben	Verbstamm + et	ihr werdet gelacht haben
3. Pers.	Verbstamm + e	er/sie/es werde gelacht haben	Verbstamm + en	sie werden gelacht haben
	Singular		***Plural***	
1. Pers.	Verbstamm + e	ich werde gegangen sein	Verbstamm + en	wir werden gegangen sein
2. Pers.	Verbstamm + est	du werdest gegangen sein	Verbstamm + et	ihr werdet gegangen sein
3. Pers.	Verbstamm + e	er/sie/es werde gegangen sein	Verbstamm + en	sie werden gegangen sein

Tipp:

In allen Zeitstufen gibt es Formen, bei denen sich Konjunktiv I und entsprechender Indikativ nicht unterscheiden.

Hunefer: „Die Kamele rennen sehr schnell."

Hunefer sagt, sie rennen sehr schnell.

Hunefer: Die Zuschauer werden sich freuen.

Hunefer sagt, sie werden sich freuen.

Wortarten

2

1. Unterstreiche alle Konjunktivformen. Markiere zusätzlich (mit einer zweiten Farbe oder durch Einkreisen) alle Formen, die sowohl dem Konjunktiv I als auch dem Indikativ zugeordnet werden können.

du werdest laufen

ich habe geliebt   du bist gelaufen   ihr habet geliebt

ich laufe   sie liebt   du seiest gelaufen   wir werden lieben

ihr habt geliebt   du wirst laufen   sie werden gelaufen sein

sie liebe   ihr werdet geliebt haben   wir seien gelaufen

du liebest

2. Forme die wörtliche Rede in die indirekte Rede mit dem Konjunktiv I um. Schreibe in dein Heft.

a) Er schimpft mit euch: „Ihr habt mich auf die Palme gebracht!“
b) Sie entgegnet: „Das hat mich nicht gejuckt.“
c) Er behauptet: „Ich bin gegangen.“
d) Sie motzt mit dir: „Du hast mich angelogen!“
e) Er sagt: „Das hat nicht gestimmt!“
f) Sie meint: „Er hat mich nicht verstanden!“
g) Er kritisiert euch: „Ihr seid geflohen.“

3. Welche Wörter musstest du neben den Verben noch verändern?

....

....

....

4. Setze die in Aufgabe 2 entstandenen Sätze in den Konjunktiv I des Futurs I und unterstreiche den Infinitiv des aussagenden Verbs. Schreibe in dein Heft.

5. Formuliere die neu entstandenen Sätze in den Konjunktiv I des Futurs II um und unterstreiche das Partizip II des aussagenden Verbs. Schreibe in dein Heft.

3 TEST

Inzwischen kennst du alle Zeitstufen des Konjunktivs I. Unterstreiche alle Konjunktivformen aus dem unten aufgeführten Zeitungsausschnitt. Analysiere die letzten vier genau und forme sie in den passenden Indikativ um.

Das Leben Tutanchamuns war weniger angenehm als viele vermuten. Laut Aussage der Ärzte, die seine Mumie untersuchten, habe der Gottkönig unter vielen Krankheiten gelitten. Man werde durch verbesserte Tests in der Zukunft noch mehr darüber erfahren. Zwei Tatsachen seien aber jetzt schon sicher, so die Wissenschaftler: Besonders schmerzhaft habe dem bei seinem Tod erst 19 Jahre alten Teenager-Pharao eine Knochenkrankheit am linken Fuß zugesetzt. Der Pharao habe wohl nur mithilfe eines Stocks gehen können. Dies erkläre auch die Tatsache, dass Howard Carter in der Grabkammer bei deren Entdeckung 1922 130 Stöcke gefunden habe. Die Mediziner sind sich einig, dass dem jungen Pharao zudem die Tropenkrankheit Malaria zu schaffen gemacht habe. Woran er letztendlich starb, bleibt jedoch Mutmaßung. Die Wissenschaftler sind aber guten Mutes, dass man dies bis zum Jubiläum der Entdeckung 2022 herausbekommen haben werde.

....

....

....

1 Der Konjunktiv II – Gebrauch und Bildung

Der **Konjunktiv II** wird vor allem verwendet, um **etwas in indirekter Rede auszudrücken**, sofern nicht der Konjunktiv I gebraucht wird (siehe Seite 34 bis 39).

Hunefers Vater sagte, seine Kinder nähmen einen großen Platz in seinem Herzen ein.

Außerdem kann man mit der Hilfe des Konjunktivs II **Aussagen** als **unwirklich, unmöglich oder (nur) vorgestellt kennzeichnen.**

Hunefer sagt: „Wenn ich Pharao wäre, gäbe es keine Steuern mehr.“ Falls das Nilwasser niemals anstiege, würden auch die Felder nicht überschwemmt werden. Mit einem schnelleren Kamel hätte Hunfers Vater das Kamelrennen gewonnen.

Der Konjunktiv II ist zudem der Modus für **vorsichtige bzw. zurückhaltende Anfragen und Aussagen.**

Wären Sie so nett, meine Ziege zu halten? Das wäre toll. Man könnte sie aber auch an eine Palme binden.

Bildung des Konjunktivs II: Seine **Gegenwartsform** orientiert sich am **Indikativ Präteritum**. Bei **schwachen Verben,** also Verben mit unverändertem Stammvokal in allen Konjugationsstufen, werden an den Verbstamm zunächst ein **te** und dann die Personalendung gehängt.

	Singular		*Plural*	
1. Pers.	Verbstamm + te	ich lachte	Verbstamm + ten	wir lachten
2. Pers.	Verbstamm + test	du lachtest	Verbstamm + tet	ihr lachtet
3. Pers.	Verbstamm + te	er/sie/es lachte	Verbstamm + ten	sie lachten

Damit ist der Konjunktiv II bei schwachen Verben mit den Indikativformen des Präteritums identisch, weswegen man in diesen Fällen oft die **Umschreibung mit „würde“** gebraucht.

Hunefer und Nephtis verspotteten Nefertari. (Aussage)
Nefertari schimpfte mit Hunefer und Nephtis, dass die beiden Sie verspotteten. (indirekte Rede)

Zwischen der Indikativform des normalen Aussagesatzes und dem Konjunktiv II besteht hier formal kein Unterschied.

Nefertari schimpfte mit Hunefer und Nephtis, dass die beiden sie verspotten würden. (korrekte Form der indirekten Rede)

Bei **starken Verben** verändert sich, wie im **Indikativ Präteritum,** der Stammvokal (teilweise auch mit Umlautung), und die Personalendung wird angehängt.

	Singular		*Plural*	
1. Pers.	Vokalaustausch + e	ich nähme	Vokalaustausch + en	wir nähmen
2. Pers.	Vokalaustausch + est	du nähmest	Vokalaustausch + t	ihr nähmet
3. Pers.	Vokalaustausch + e	er/sie/es nähme	Vokalaustausch + en	sie nähmen
	Singular		*Plural*	
1. Pers.	Vokalaustausch + e	ich ginge	Vokalaustausch + en	wir gingen
2. Pers.	Vokalaustausch + est	du gingest	Vokalaustausch + t	ihr ginget
3. Pers.	Vokalaustausch + e	er/sie/es ginge	Vokalaustausch + en	sie gingen
	Singular		*Plural*	
1. Pers.	Vokalaustausch + e	ich wäre	Vokalaustausch + en	wir wären
2. Pers.	Vokalaustausch + est	du wärest	Vokalaustausch + t	ihr wäret
3. Pers.	Vokalaustausch + e	er/sie/es wäre	Vokalaustausch + en	sie wären

Die **Vergangenheitsform** orientiert sich am **Indikativ Perfekt** mit der Veränderung der flektierten Formen von **haben/sein** zu **hätte/wäre.** Ans Ende rückt das Partizip II des aussagenden Verbs:

	Singular		*Plural*	
1. Pers.	hätt + e + Part. II	ich hätte genommen	hätt + en + Part. II	wir hätten genommen
2. Pers.	hätt + est + Part. II	du hättest genommen	hätt + et + Part. II	ihr hättet genommen
3. Pers.	hätt + e + Part. II	er/sie/es hätte genommen	hätt + en + Part. II	sie hätten genommen
	Singular		*Plural*	
1. Pers.	wär + e + Part. II	ich wäre gegangen	wär + en + Part. II	wir wären gegangen
2. Pers.	wär + est + Part. II	du wärest gegangen	wär + et + Part. II	ihr wäret gegangen
3. Pers.	wär + e + Part. II	er/sie/es wäre gegangen	wär + en + Part. II	sie wären gegangen

Wortarten

2

1. Hier sind noch viele Lücken. Setze die richtigen Verbformen ein.

Infinitiv	*Präteritum (3. Person Plural)*	*Verbform des Konjunktiv II*	*Konjunktiv II mit Hilfsverb „würden“*
fahren	fuhren	führen	würden fahren
wissen			
	lasen		
schlagen			
			würden ziehen
	konnten		
helfen			
	durften		
			würden kommen
gewinnen			

2. Auf einem Nilkreuzfahrtschiff geht es sehr höflich zu. Folgende Sätze fallen an Deck. Setze das passende Verb in der richtigen Form in die Lücke ein.

haben – werden – können – sein – besitzen

a) .... Sie die Güte, meinen Liegestuhl zu räumen?

b) .... Sie so freundlich, Ihr Badetuch mitzunehmen?

c) .... Sie mir beim Eincremen behilflich sein?

d) .... Sie bitte den Ausblick freimachen?

e) .... Sie noch zwei andere Liegestühle für uns frei?

3. Formuliere mithilfe des Konjunktivs II Wunschsätze. Im vorangestellten Aussagesatz sind jeweils Situationen beschrieben, die du durch deinen Wunsch verändern willst.

Das Zelt ist sehr klein. – Wenn es doch größer wäre!
Er singt so laut. – Wenn er doch leiser sänge!

Die Prüfung ist so schwierig. – Wenn ....

Er reitet so langsam. – Wenn ....

Sie laufen so schnell. – Wenn ....

Hunefer hat keinen Freund. – Wenn ....

3 TEST

a) Setze die richtige Modus-Form in die Lücke.
b) Formuliere die ersten fünf Sätze in der Vergangenheitsform.

Hunefer: Wenn ich mehr Nahrung hätte, ... (geben) ich den Armen bestimmt etwas davon ab. Wenn ich reich wäre, ... (erwerben) ich das schnellste Kamel weit und breit. Wenn ich noch mehr Geld besäße, ... (ziehen) ich als Karawanenführer von einem Land zum anderen. Und vielleicht .... (fallen) mir auch noch etwas Besseres ein.
Seine Mutter: Falls du Zeit haben solltest, ... (können) du den Innenhof kehren.
Hunefer: Das geht leider nicht, ich .... (helfen) dir gerne, wenn ich jetzt nicht dringend zu meinem Freund gehen müsste. Sonst .... (kommen) wir nämlich nicht mehr rechtzeitig zum Nachwuchsrennen.
Seine Mutter: Nehmen wir einmal an, du .... (sein) meine Mutter. Dann .... (missfallen) dir das Verhalten deines Kindes doch sicher.
Hunefer: In diesem Fall .... (müssen) mein Kind natürlich viel mehr helfen. Wiedersehen!

1 Konjunktiv und indirekte Rede

Um die indirekten Rede zu kennzeichnen, wird der Konjunktiv verwendet. In der Alltagssprache ist die Wahl der Konjunktivform (Konjunktiv I oder II) **relativ frei** bzw. immer häufiger wird gar kein Konjunktiv mehr verwendet.
Für die geschriebene Standardsprache gibt es jedoch folgende Regeln:
Normalerweise sollte der Konjunktiv I verwendet werden.
Wenn sich die Formen des Konjunktiv I vom Indikativ nicht unterscheiden, sollte man den **Konjunktiv II** vorziehen.
Wenn sich die Formen des Konjunktivs II ebenfalls nicht vom Indikativ unterscheiden, sollte man die **Umschreibung mit würde** bevorzugen.

Direkte Rede:	*Indirekte Rede:*
Hunefer schimpft: „Du nimmst immer mein Spielzeug."	Er schimpft, sie nehme immer sein Spielzeug. (Konjunktiv I = korrekte Form) Er schimpft, ich nehme immer sein Spielzeug. (Konjunktiv I = Indikativ Präsens) Er schimpft, ich nähme immer sein Spielzeug. (Konjunktiv II = korrekte Form)
Nephtis beschwert sich: „Du lachst mich dauernd aus."	Sie beschwert sich, ich lache sie dauernd aus. (Konjunktiv I = Indikativ Präsens) Sie beschwert sich, ich lachte sie dauernd aus. (Konjunktiv II = Indikativ Präteritum) Sie beschwert sich, ich würde sie dauernd auslachen. (Umschreibung mit würde = korrekte Form)

2

1. Forme in alle oben aufgeführten Formen um und markiere die beste Lösung.

	Konjunktiv I	*Konjunktiv II*	*mit „würde"*
Er sagt: „Ich springe!"	Er sagt, er .	Er sagt, er .	Er sagt, er .
Sie rufen: „Wir geben!"	Sie rufen, sie .	Sie rufen, sie .	Sie rufen, sie .
Du meinst: „Ich gehe!"	Du meinst, du .	Du meinst, du .	Du meinst, du .

2. Forme folgende Imperative mithilfe eines passenden Modalverbs (sollen, müssen, mögen …) in indirekte Rede um. Schreibe in dein Heft.

a) Der Baumeister befiehlt den Arbeitern: „Baut die Pyramide schneller!“
b) Der Großwesir bittet seinen Stellvertreter: „Pass in meiner Abwesenheit auf die Schatzkammer auf!“
c) Hunefer fordert seinen Vater auf: „Reite mit mir ins Niltal!“

3. Forme die direkte Rede in indirekte Rede um. Schreibe in dein Heft.

a) Der Hohepriester behauptet: „Die Götter sind zornig.“
b) Der Karawanenführer berichtet: „Irgendjemand hat das Brunnenwasser vergiftet.“
c) Der Oasenbauer erzählt: „ Manchmal fällt ein Tier in den Brunnen und ertrinkt.“
d) Sein Sohn denkt: „Ich darf das Wasser nicht mehr verwenden.“
e) Ich schlage vor: „Ich laufe einfach zum nächsten Brunnen.“
f) Der Pharao beklagt: „Die Bauern arbeiten zu langsam.“

3 TEST

Es haben sich einige stilistische Schwächen eingeschlichen. Verbessere, indem du die Regeln für die indirekte Rede anwendest.

Hunefers Vater meinte, dass er sich niemals am Pyramidenbau beteiligen würde. Das Problem wäre, dass dann niemand mehr die Arbeit in der Oase macht. Er behautet, die Dattelfrüchte vertrockneten dann an den Bäumen. Es kann doch auch nicht gerecht sein, dass Tausende von Menschen am Grab eines einzelnen Menschen schuften müssen, meint Hunefers Mutter. Außerdem würde Hunefers Vater bereits jetzt dauernd über Kreuzschmerzen klagen.

Wortarten

1 Aktiv und Passiv

Mit dem Aktiv und Passiv **(Genera Verbi)** kann ein Vorgang aus unterschiedlichen Perspektiven dargestellt werden.
Im Aktivsatz steht der Täter, das handelnde **Subjekt (Agens)**, im Mittelpunkt (**Wer** macht ...?).

Hunefer wäscht das Kamel.

Im Passivsatz befindet sich der Urheber des Sachverhalts nicht mehr im Mittelpunkt. Er entfällt sogar oft. Stattdessen wird das erduldende **Subjekt (Patiens)** hervorgehoben. (Mit **wem** wird etwas gemacht?).

Das Kamel wird (von Hunefer) gewaschen.

Bildung des Passivs: Die Passivformen des „normalen" Passivs bildet man, indem man eine Form des Hilfsverbs **werden** (Verbstamm + Personalendung) verwendet und dann das **Partizip Perfekt Passiv** des aussagenden Verbs (Vollverbs) anschließt.

Tempus	*Aktiv*	*Passiv*
Präsens	Sie ruft mich.	Ich werde (von ihr) gerufen.
Präteritum	Sie rief mich.	Ich wurde (von ihr) gerufen.
Perfekt	Sie hat mich gerufen.	Ich bin (von ihr) gerufen worden.
Plusquamperfekt	Sie hatte mich gerufen.	Ich war (von ihr) gerufen worden.
Futur I	Sie wird mich rufen.	Ich werde (von ihr) gerufen werden.
Futur II	Sie wird mich gerufen haben.	Ich werde (von ihr) gerufen worden sein.

Man unterscheidet Vorgangspassiv und Zustandspassiv; letzteres beschreibt im Gegensatz zum Aktiv und zum Vorgangspassiv nicht einen Vorgang, sondern das **Ergebnis** eines Vorganges.

Vorgangspassiv: **Das Kamel wird gewaschen.**

Zustandspassiv: **Das Kamel ist gewaschen.**

Im Regelfall kommt man vom Vorgangspassiv (dem „normalen" Passiv) zum Zustandpassiv, indem man die Form von „werden" durch eine Form von „sein" ersetzt.

2

1. Setze die Aktivsätze in die richtige Passivform.

a) Hunefer pflegte sein Kamel.

....

b) Cäsar hat Kleopatra geliebt.

....

c) Nefertari hat den Spielzeuglöwen versteckt.

....

d) Sie schenkt ihm eine Handvoll Datteln.

....

e) Der Pharao hatte faule Bauarbeiter bestraft.

....

f) Er wird es morgen erledigt haben.

....

g) Cheops hat die größte Pyramide erbaut.

....

2. Formuliere aus den Satzbestandteilen Passivsätze in der geforderten Zeitstufe (Tempus). Schreibe in dein Heft.

herstellen – Papyrus – Ägypter – viele Jahrhunderte lang	Perfekt
ägyptische Hochkultur – hervorbringen – Geometrie	Präteritum
Pyramiden – besuchen – täglich – Tausende Touristen	Präsens
auch – Rätsel der Sphinx – in Zukunft – nicht lösen	Futur I
Gegen Nilfluten – ägyptische Ingenieure – Dämme – bauen	Plusquamperfekt
zerstören – viele Altertümer – von Umwelteinflüssen – bald	Futur II

Wortarten

3. Bestimme, ob es sich bei den Sätzen um Passivkonstruktionen handelt. Wenn ja, schreibe für Vorgangspassiv ein V und für Zustandspassiv ein Z vor den Satz.

- ☐ Er wird weglaufen.
- ☐ Sie wird geschlagen.
- ☐ Sie sind entdeckt.
- ☐ Er wird die Antilope jagen.
- ☐ Ich werde ihn nicht schlagen.
- ☐ Die Eier waren im Nest gefunden worden.
- ☐ Man schneidet die Früchte in Stücke.
- ☐ Sie wurden ins Wasser geschubst.
- ☐ Der Tontopf war zerbrochen.
- ☐ Er entdeckte die Karawane.
- ☐ Die Datteln wurden gewaschen.
- ☐ Sie lachen sehr viel.
- ☐ Er wird das Kamel zähmen.
- ☐ Nephtis spielt Flöte.
- ☐ In dicke Ringe werden sie geschnitten.
- ☐ Das Wetter wird schön.
- ☐ Die Antilope wird gejagt.
- ☐ Das Holz ist zersägt.
- ☐ Hunefer wird auf den Markt reisen.
- ☐ Es wird laut getrommelt.
- ☐ Sie hatten den Topf zerbrochen.
- ☐ Sie werden sicher kommen.
- ☐ Das Kamel wird gezähmt werden.
- ☐ Es wird verkauft.

4. Bestimme, ob die Sätze im Vorgangs- oder Zustandspassiv stehen und formuliere jeden Satz in die jeweils andere Passivart um. Beachte die Zeitstufen (Tempora). Schreibe in dein Heft.

a) Hunefers Kamel wird verkauft.
b) Die Karawane ist von Aufständischen ausgeraubt.
c) Hunefers Haare waren von seiner Mutter geschnitten.
d) Die Armee des Pharao wird von den Assyrern geschlagen werden.
e) Während der Heuschreckenplage waren viele der Insekten auf den Feldern verbrannt worden.

5. Unterstreiche in der Zeitungsmeldung die Passivformen der Verben. Schreibe anschließend die zwei Sätze im Zustandspassiv heraus.

KAIRO. Einen Schaden von etwa einer halben Million Euro hat gestern ein Brand im Ägyptischen Nationalmuseum in Kairo verursacht. Nach Polizeiangaben ist niemand verletzt. Allerdings klagten rund 20 Besucher über vorübergehenden Hustenreiz und Übelkeit. Zwei unter Asthma leidende Kinder wurden ärztlich beobachtet. Als Brandursache wird nach bisherigen Erkenntnissen ein technischer Defekt angenommen. Wegen verbrannter Kunststoffteile waren die Bürger zum Schließen ihrer Fenster und Türen aufgefordert worden. Bei mehreren Messungen im Stadtgebiet konnten die Behörden keine erhöhten Luftschadstoffe mehr feststellen. Die Flammen wurden am Morgen von einem Mitarbeiter des Museums in einem Technikraum entdeckt. Die unersetzlichen Kunstwerke sind nicht beschädigt.

3 TEST

Forme die wörtliche Rede des Historikers in die indirekte Rede um. Schreibe in dein Heft.

„Pharao Chefren hat vor den Pyramiden einen Sphinx erbauen lassen. Bis heute ist nicht ganz klar, worin sein Nutzen besteht. Viele Ägyptologen glauben, seine Aufgabe war es, die Heiligtümer zu beschützen. Der Sphinx besteht aus einem Löwenkörper und dem Kopf des Pharao. Allerdings fehlt dem Antlitz die Nase. Wahrscheinlich ist der Sphinx aus einem Felsblock gehauen worden. Dabei entstanden Risse, die mit Mauerwerk repariert wurden.“

1.3 Das Nomen/Substantiv (Namenwort, Dingwort, Hauptwort)

1 Was sind Nomen – und wozu sind sie gut?

Nomen (Substantive) bezeichnen
- Dinge (Haus, Hammer, Auto ...)
- Lebewesen (Maus, Pilz, Sonnenblume ...)
- Eigennamen (Siegbert, Österreich, Atlantik ...)
- Situationen (Stille, Spannung, Hitze ...)
- Vorgänge (Fahrt, Reparatur, Wahl ...)
- Eigenschaften (Dummheit, Stolz, Größe ...)
- abstrakte Begriffe (Glaube, Liebe, Hoffnung ...) etc.

Nomen werden **immer großgeschrieben.** Die Hauptfunktion des Nomens im Satz besteht darin, das Subjekt bzw. Objekt eines Satzes zu bilden (vgl. Satzglieder).
Nomen sind flektierbar, genauer gesagt deklinierbar. Die Deklination ist die **Anpassung** an

Genus:	**Maskulinum** (männlich) **Femininum** (weiblich) **Neutrum** (sächlich) Achtung: Das grammatische Geschlecht stimmt nicht immer mit dem natürlichen überein!	***der*** **Hund,** ***der*** **Mond,** ***der*** **Regen** ***die*** **Katze,** ***die*** **Sonne,** ***die*** **Finsternis** ***das*** **Schwein,** ***das*** **Wasser,** ***das*** **Wunder** ***das*** **Mädchen → Neutrum**
Numerus:	**Singular** (Einzahl) **Plural** (Mehrzahl)	***der*** **Mensch –** ***die*** **Menschen** ***die*** **Freiheit –** ***die*** **Freiheiten** ***das*** **Beispiel –** ***die*** **Beispiele**
Kasus:	 **Nominativ** (1., Wer-Fall) **Genitiv** (2., Wessen-Fall) **Dativ** (3., Wem-Fall) **Akkusativ** (4., Wen-Fall) **Nominativ** (1., Wer-Fall) **Genitiv** (2., Wessen-Fall) **Dativ** (3., Wem-Fall) **Akkusativ** (4., Wen-Fall)	Singularformen: ***der*** **Hund –** ***die*** **Katze –** ***das*** **Schwein** ***des*** **Hundes –** ***der*** **Katze –** ***des*** **Schwein(e)s** ***dem*** **Hund –** ***der*** **Katze –** ***dem*** **Schwein** ***den*** **Hund –** ***die*** **Katze –** ***das*** **Schwein** Pluralformen: ***die*** **Hunde –** ***die*** **Katzen –** ***die*** **Schweine** ***der*** **Hunde –** ***der*** **Katzen –** ***der*** **Schweine** ***den*** **Hunden –** ***den*** **Katzen –** ***den*** **Schweinen** ***die*** **Hunde –** ***die*** **Katzen –** ***die*** **Schweine**

Man sieht also, dass im Deutschen die Artikel (Begleiter, siehe Seite 62) zur **Kennzeichnung von Numerus, Genus und Kasus** besonders wichtig sind.

1. Unterstreiche alle Nomen, die im Plural stehen.

Ritter waren ursprünglich bewaffnete Reiter, die aus dem niederen Adel stammten. Ein Bauer konnte schon deshalb kein Ritter sein, weil er die teuren Pferde, Waffen und Rüstungen gar nicht bezahlen konnten. Dem König gegenüber waren die Panzerreiter, wie sie früher auch genannt wurden, zur Treue verpflichtet und mussten mit ihm in den Krieg gegen andere Herrscher ziehen. Im 11. Jahrhundert konnten die Ritter selbst Land erweben.

2. Schreibe alle Nomen aus dem Text von Aufgabe 1 in ihrer Nominativ-Singular-Form mit dem entsprechenden Begleiter (Artikel) heraus und bestimme das jeweilige Genus.

3. Vervollständige die Formentabelle.

	Nominativ	***Genitiv***	***Dativ***	***Akkusativ***
Singular				das Huhn
Plural	die Hühner			
Singular	der Hahn			
Plural				
Singular			der Taube	
Plural				

Tipp:
Es ist nicht immer einfach, den **Kasus eines Nomens** zu erkennen, weil Nomen und auch Artikel oft in verschiedenen Fällen die **gleiche Wortform** haben. Helfen kann dabei die **Frageprobe**, denn zu jedem Nomen in einem Satz kann man eine Frage stellen, die über den Kasus informiert. Das **Fragewort** zeigt den **Fall an: wer? oder was? → Nominativ, wessen? → Genitiv, wem? → Dativ oder wen? oder was? → Akkusativ**:

Dort lauert eine Katze.	Wer oder was lauert dort?
Das Fell der Katze ist getigert.	Wessen Fell ist getigert?
Das Junge gehört der Katze.	Wem gehört das Junge?
Dort sah man eine Katze.	Wen oder was sah man dort?

Wortarten

4. Frage immer nach dem Hund bzw. den Hunden. Formuliere jeweils die passende Frage und bestimme Kasus und Numerus von „Hund" im Aussagesatz. Schreibe in dein Heft.

a) Der Hund von Ritter Siegbert heißt Pippin.
b) Man darf die Hunde nicht schlagen.
c) Das Fell des Hundes ist rotbraun.
d) Die Hunde sind beliebte Haustiere.
e) Der Knochen gehört dem Hund.

5. Setze die Nomen aus dem Wortvorrat in die richtige Lücke. Bilde jeweils die passende deklinierte Form mit Begleiter und bestimme sie genau, indem du eine passende Frage formulierst.

Rüstung, Steigbügel, Pferd, Schild, Kämpfer

Beispiel: Der Ritter reitet *das Schlachtross*.
Wen oder was reitet der Ritter? (Neutrum, Singular, Akkusativ)

a) Er gibt .... die Sporen.

....

b) .... waren eine tolle Erfindung, um nicht vom Pferd zu fallen.

....

....

c) Das Wappen .... fand sich auf

....

....

d) Außerdem trug er .... zum Schutz.

....

Tipp:
Nomen werden manchmal aus **anderen Wortarten** gebildet. Man nennt das **Substantivierung**. Besonders häufig sind Substantivierungen von Verben.
Das Schwimmen fällt aus. Er hat sie beim Tanzen kennengelernt. Ein Haudegen ist gut im Kämpfen.

6. **Schreibe aus den Beispielsätzen des Tipps die substantivierten Verben heraus und bestimme Genus, Numerus und Kasus. Was fällt zu Numerus und Kasus auf?**

3 **TEST**

a) **In folgendem Text sind nur die Satzanfänge großgeschrieben. Markiere alle Nomen. Unterstreiche die substantivierten Verben in einer zweiten Farbe.**
b) **Schreibe alle Nomen mit „S" als Anfangsbuchstaben heraus und bestimme deren Form (Genus, Numerus und Kasus).**

Zwölf ritter versammelte könig artus von britannien als politischen rat, um das sagenhafte königreich camelot zu regieren. Angeblich saßen sie bei ihren treffen alle an einem großen runden tisch, der tafelrunde. Das tafeln konnte tagelang dauern. Schließlich wurde man mit leckeren speisen bewirtet. Artus' männer galten als die tugendhaftesten ritter ihrer zeit. Sie übten sich zudem im fechten und reiten. Auf turnieren trainierten sie, mit der lanze umzugehen. Überliefert ist dieser personenkreis aus der artussage. Dieser überlieferung nach wurde derjenige alleinherrscher des inselreiches, dem es gelang, das magische schwert excalibur aus dem stein zu ziehen. Beim herausziehen waren schon viele kandidaten gescheitert. Artus hat es natürlich geschafft. Zur tafelrunde sind viele bücher erschienen. Viel spaß beim schmökern!

1.4 Das Adjektiv (Eigenschaftswort, Wiewort)

1 **Was sind Adjektive – und wozu sind sie gut?**

Das Adjektiv tritt in der Regel als **Begleiter eines Nomens** auf und bezeichnet dessen **Eigenschaften**. Es steht meist beifügend (attributiver Gebrauch) in engster Verbindung beim Nomen und wird mit diesem dekliniert.

der mutige Ritter, die scharfe Klinge, das schnelle Pferd

	Nominativ	*Genitiv*	*Dativ*	*Akkusativ*
Singular	der **mutige** Ritter	des **mutigen** Ritters	dem **mutigen** Ritter	den **mutigen** Ritter
Plural	die **mutigen** Ritter	der **mutigen** Ritter	den **mutigen** Rittern	die **mutigen** Ritter
Singular	die **scharfe** Klinge	der **scharfen** Klinge	der **scharfen** Klinge	die **scharfe** Klinge
Plural	die **scharfen** Klingen	der **scharfen** Klingen	den **scharfen** Klingen	die **scharfen** Klingen
Singular	das **schnelle** Pferd	des **schnellen** Pferdes	dem **schnellen** Pferd	das **schnelle** Pferd
Plural	die **schnellen** Pferde	der **schnellen** Pferde	den **schnellen** Pferden	die **schnellen** Pferde

Es kann aber auch beim Prädikat (prädikativer Gebrauch) stehen, dann bleibt es undekliniert, wird also nicht verändert.

Der Ritter ist mutig. Das Pferd bleibt schnell. Die Klinge wird scharf.

Etwas verwirrend ist möglicherweise, dass das Adjektiv auch **wie ein Adverb (adverbialer Gebrauch)** verwendet werden kann, also ein Verb, ein Partizip oder ein anderes Adjektiv näher bestimmt.

Das Ritterturnier beginnt verhalten, der Minnesänger musiziert zaghaft, der häufig eingetretene Fall, die schnell wirkende Medizin, der mäßig begabte Musikant

2 *1. In der folgenden Wortschlange haben sich einige Adjektive versteckt. Suche sie heraus und unterstreiche sie farbig.*

kleinmitundwassermännlichkeitsanftmutgraubrotoftstürmensichihr tugendblitzschnellkeinwieselflinkknappesattelwanderungineinigkeit sagenhaftuns

2. Zu vielen Adjektiven lassen sich Gegensatzpaare bilden. Suche zu den unten aufgeführten Adjektiven immer den gegenteiligen Begriff.

gut – ……………, lebendig – ……………, mutig – ……………, hoch – ……………, schwarz – ……………, hungrig – ……………, schnell – ……………, hell – ……………, traurig – ……………, selten – ……………, billig – ……………, bunt – ……………, eckig – ……………, arm – ……………, dumm – ……………, …

3. Schreibe weitere Gegensatzpaare in dein Heft. Suche mindestens fünf solcher Paare.

4. Vervollständige die Tabelle.

	Singular	*Plural*	*Singular*	*Plural*
Nominativ		die windigen Tage		
Genitiv				
Dativ				
Akkusativ			die graue Maus	

Tipp:
Das Partizip ist ein Mittelwort zwischen Verb und Adjektiv. Es wird einerseits ähnlich wie ein Adjektiv verwendet, andererseits wird es zur Bildung der Zeitformen im Perfekt und im Plusquamperfekt gebraucht (siehe oben). Man unterscheidet **Partizip Präsens** (rennend, lachend …) und **Partizip Perfekt** (gerannt, gelacht …). Verwechsle also das Partizip nicht mit dem Adjektiv!

5. Markiere nur die Adjektive im Text.

Als Knappen wurden ritterbürtige, das heißt blaublütige Jünglinge verstanden. Vom siebten bis zum 21. Lebensjahr wurden sie an einem adeligen Hof erzogen. Nach der anstrengenden Pagen- und Junkerzeit betrachtete man sie mit 14 oder 15 Jahren als erwachsene Männer. Sie wurden zu Knappen (Edelknechten) ernannt und bekamen bei einer feierlichen Zeremonie eine lange Lanze, ein kurzes Schwert, ein schweres Schild und silberne Sporen verliehen. Sie leisteten ihrem Herren Gesellschaft bei ausgedehnten Jagden und Reisen, Waffendienste bei den häufigen Kriegszügen und standen als eifrige Helfer am Rande des Turnierplatzes bereit, um frische Lanzen bereitzuhalten oder um ihrem Herrn aufs oder vom Ross zu helfen. Am Ende der mehrjährigen Knappenzeit erfolgte mit dem Ritterschlag die ersehnte Aufnahme in den Ritterstand.

6. Schreibe die ersten fünf Adjektive des obigen Textes heraus und bestimme Numerus und Kasus. Schreibe in dein Heft.

7. Bilde aus attributiven Adjektiven nach folgendem Vorbild zunächst prädikativ und dann adverbial gebrauchte Entsprechungen.

Der gelangweilte Wächter ...	Der Wächter ist gelangweilt.
	Der Wächter steht gelangweilt am Burgtor.

a) Der lustige Hofnarr ...
b) Der faule Hund ...
c) Der grausame Henker ...

8. Setze die richtige Form des Adjektivs ein und bestimme seinen Gebrauch (attributiv = attr., prädikativ = prä., adverbial = adv.).

Ritter Siegbert hätte gern ein neues/attr. (neu) Gewand. Das .... /................ (rot) ist ihm zu .... /................ (teuer). Deswegen probiert er das blaue an. Es passt ihm .... /................ (gut) und es sitzt .... /................ (bequem). Der .... /

.... (warm) Stoff fühlt sich .... /................ (weich) an.

Besonders .... /................ (schick) findet er die .... /

.... (silbern) Knöpfe. Siegbert ist .... /................ (stolz)

auf sein .... /................ (standesgemäß) Aussehen.

9. „Doppelt gemoppelt“ ist unsinnig. Streiche Überflüssiges.

ein runder Kreis	rostiges Eisen	eine geräucherte Wurst
gefrorenes Eis	ein schwarzer Rappe	nasses Wasser
ein weißer Schimmel	eine kleine Maus	eine dicke Mauer

3 TEST

Setze das passende abgeleitete Adjektiv ein und bestimme Numerus und Kasus.

a) Die Truppe begibt sich auf einen *steinernen/Sg., Akkusativ* (mit vielen Steinen) Weg und reitet durch eine .... / .... (im Winter) Landschaft.

b) Ritter Siegbert kauft seiner Frau zwei .... /........................ (aus Seide) Kleider.

c) Ein .... /........................ (mit viel Geduld) Angler sitzt schon seit Stunden am .... /........................ (voller Schlamm) Flussufer.

d) Den .... /........................ (bereit zum Start) Läufern, wird der .... /........................ (in weiter Ferne) Zielort bekannt gegeben.

e) Siegbert bekommt eines .... /........................ (mit viel Regen) Tages von seinem Knappen eine .... / .... (voller Trotz) Antwort.

Wortarten

1

Adjektiv (Eigenschaftswort, Wiewort) – Komparation

Die Adjektive gehören zu den Wörtern, die man **flektieren** (beugen) kann. Eine spezielle Art der Flexion ist die Steigerung (Komparation). Die meisten Adjektive lassen sich steigern.

groß – größer – am größten, jung – jünger – am jüngsten

Dadurch kann man Dinge und Sachverhalte miteinander vergleichen.

Der Graf ist mächtig, der Herzog ist mächtiger, der Kaiser ist am mächtigsten.

Die Vergleichsstufen heißen:
Positiv **(Grundstufe)**
(so) groß (wie) – (so) hoch (wie) – (so) schön (wie)
Komparativ **(Steigerungsstufe)**
größer (als) – höher (als) – schöner (als)
Superlativ **(Höchststufe)**
am größten – am höchsten – am schönsten
der/die/das größte (Haus) – der/die/das höchste (Ziel) – der/die/das schönste (Fahrrad)

Es gibt auch Adjektive, bei denen zum Steigern der **Wortstamm gewechselt** wird:

gut – besser – am besten, viel – mehr – am meisten

Manche Adjektive können **nicht gesteigert** werden und kommen nur im Positiv vor:

rosa, gestreift, deutsch, tot, schwanger, ganz, optimal ...

Und das ist eigentlich ganz einfach. Entweder es ist etwas rosa oder nicht. Mehr rosa als rosa gibt es nicht. Schwangerer als schwanger auch nicht ...

2

1. Vervollständige die Tabelle sinnvoll.

Positiv	*Komparativ*	*Superlativ*
hoch		
	toller	
nah		
		am sensationellsten

2. Finde die passenden Adjektive im Komparativ.

Stachel	stachliger	Wunder		Fehler	
Harz		Rätsel		König	
Mutter		Bild		Haft	
Wasser		Kind		Gefahr	

3. Finde die passenden Adjektive im Superlativ.

Mühe		Riese	
Regen		Durst	
Stein		Hunger	

Tipp:
Das Prinzip der Steigerung von Adjektiven wird nicht nur durch die Komparation erreicht, sondern auch durch die Voranstellung eines Wortelements (Präfix) vor das Adjektiv, das du steigern willst.
dunkel → stockdunkel, schwarz → pechschwarz

4. Verbinde die Adjektive mit dem passenden Präfix. Achtung: Manchmal gibt es mehrere Lösungsmöglichkeiten. Schreibe in dein Heft.

über pfeil ur
raben brand pudel
hoch stock

sauer steif nass
schwanger schnell reif
vorsichtig gefährlich
schwarz alt

5. Ordne folgende Wortgruppen von jung nach alt. Was fällt dir beim Komparativ auf?

eine alte Dame – eine Dame mittleren Alters – eine uralte Dame – eine junge Dame – eine jüngere Dame – eine ältere Dame

6. Fülle die richtige Form eines passendes Adjektivs ein und bestimme sie (Positiv, Komparativ, Superlativ).

Der mutige Richard Löwenherz ist der tapferste König Europas.

(Superlativ)

a) Der Sheriff von Nottingham ist .... als die junge Lady Marian. ....

b) Robin Hood ist der .... Bogenschütze. ....

c) Der baumlange Little John ist .... als Robin. ....

d) Robin kämpft mit dem Stock so .... wie John. ....

e) Der übergewichtige Bruder Tuck ist .... als Robin.

....

f) Die berühmte Sage um Robin Hood ist so .... wie manche Heiligenlegende aus der Bibel. ....

7. Hier sind drei Angeber unter sich. Setze die passenden Formen ein.

Ritter Siegbert: Ich habe eine stattliche Burg.
Ritter Konrad: Ich besitze eine stattlichere Burg.
Ritter Gieselher: Meine Burg ist die stattlichste.

a) Ritter Siegbert: Ich habe eine kluge Tochter.

Ritter Konrad: Meine Tochter ist ....

Ritter Gieselher: .... ist aber meine Tochter.

b) Ritter Siegbert: Mir gehören viele Dörfer.

Ritter Konrad: Ich besitze noch .... Dörfer.

Ritter Gieselher: Ich kann die .... Dörfer mein Eigen nennen.

Tipp:
Wenn man sich nicht sicher ist, ob es sich bei einem Wort um ein Adjektiv handelt, kann man die Einsetzprobe anwenden. Das betreffende Wort muss zwischen einem Begleiter (Artikel) und Nomen stehen können. Das Wort „lustig“ ist ein Adjektiv, weil wir „der lustige Hofnarr“ sagen können. „Der ofte Hofnarr“ geht eben nicht.

8. Unterstreiche nur die Adjektive in den Sätzen. Was fällt dir auf?

a) Siegberts Speer flog von allen am weitesten.
b) Die Ritter aßen lieber mit den Händen.
c) Brathähnchen mochte Ritter Siegbert mehr als Brathering.
d) Er reitet schneller als der Wind zu seiner Frau.
e) Die Ritter mussten öfter in den Krieg ziehen.
f) Beim Festmahl sang Siegbert lauter als alle anderen.

3 TEST

Suche die Adjektive heraus und markiere die unterschiedlichen Vergleichsstufen (Positiv, Komparativ, Superlativ) verschieden.

In früheren Zeiten folgten die Ritter dem Ruf der Kirche, das Heilige Land und Jerusalem zu befreien. Jerusalem war für die Christen eine der wichtigsten Städte überhaupt, weil hier Jesus Christus gekreuzigt worden war. Doch auch die Juden hielten das Gebiet um die bekannteste Stadt Palästinas für das Gelobte Land. Im 7. Jahrhundert entstand die jüngste der um Jerusalem konkurrierenden Religionen, der Islam. Bereits im 8. Jahrhundert kam es in Frankreich zu blutigen Schlachten zwischen den fränkischen Panzerreitern und den Kriegern Allahs, die bereits Teile Spaniens erobert hatten. Es war nicht erkennbar, wer die besseren Kämpfer hatte. Gut 200 Jahre später waren sich Christen und Moslems noch feindlicher gesonnen, als die Moslems Jerusalem unter ihre Herrschaft gebracht hatten. Jeder hielt den anderen für den Ungläubigeren. Diese Feindschaft und die Ignoranz gegenüber allem, was anderen Glaubens war, führte zu den überflüssigsten Kriegen, die im Zeichen des Kreuzes geführt wurden, und deshalb Kreuzzüge genannt wurden.

1.5 Der Artikel

1

Bestimmte und unbestimmte Artikel

Artikel (Geschlechtswörter) sind **Begleiter des Nomens**. Sie stehen immer vor dem Nomen. Man unterscheidet **bestimmte Artikel (der, die, das)** und **unbestimmte Artikel (ein, eine)**.
Die Artikel werden wie das Nomen, das sie begleiten, **dekliniert** (gebeugt):

Bestimmte Artikel	*Genus (Geschlecht)*					
	Maskulinum		*Femininum*		*Neutrum*	
Kasus (Fall)	*Sg.*	*Pl.*	*Sg.*	*Pl.*	*Sg.*	*Pl.*
Nominativ (1. Fall)	der	die	die	die	das	die
Genitiv (2. Fall)	des	der	der	der	des	der
Dativ (3. Fall)	dem	den	der	den	dem	den
Akkusativ (4. Fall)	den	die	die	die	das	die

Unbestimmte Artikel	*Genus (Geschlecht)*		
Kasus (Fall)	*Maskulinum*	*Femininum*	*Neutrum*
Nominativ (1. Fall)	ein	eine	ein
Genitiv (2. Fall)	eines	einer	eines
Dativ (3. Fall)	einem	einer	einem
Akkusativ (4. Fall)	einen	eine	ein

2

1. **In dieser Wortschlange sind Nomen versteckt. Schreibe die Wörter mit ihren Artikeln, sortiert nach Genus, in dein Heft.**

NIEGESCHICHTEMEHRMANNMEERMEINUNGMUTIGMUTWÖLFINTÖTEN
SCHÖNDERSCHLOSSMEINFLUSSSOARBEITSEITIMMERZIMMERSKLAVE
VERKAUFENBABYAUFBEVORVIELEBEWUNDERNBEGLEITENUNDGROTTE
WENNABERHIRTEICHDUERFAHRUNGINMORD

Tipp:
Im Satzzusammenhang sind die Artikel manchmal mit anderen Wörtern verschmolzen: **im/in dem, am/an dem, ins/in das, ans/an das**

2. Schreibe zu den Nomen jeweils den passenden bestimmten und (wo möglich) unbestimmten Artikel auf.

.... Bruder, ... Brüder, ... Tochter

.... Töchter, ... Kind, ... Kinder

3. Was fällt dir an deinen obigen Ergebnissen beim Plural auf? Schreibe in dein Heft.

3 TEST

a) Unterstreiche die bestimmten und unbestimmten Artikel unterschiedlich. Achte auf versteckte Artikel.

Der König Numitor von Alba Longa hatte eine Tochter, die er Rhea Silvia nannte. Eines Tages spazierte sie durch die Wälder des Königreiches. Das Mädchen, das vom Spaziergang müde wurde, legte sich in eine Grotte. Dort tauchte der Gott Mars auf. Neun Monate später kamen jene zwei Kinder auf die Welt, die Romulus und Remus genannt wurden. Den Vater hat keiner mehr gesehen. Da inzwischen König Numitor von seinem Bruder, der keine Skrupel kannte, vom Thron verdrängt worden war, beäugte der neue König die Neugeborenen argwöhnisch. Deshalb ist es nicht verwunderlich, dass der sich beeilte, die beiden in einen Korb zu legen, den er in den Tiber warf. Am Ufer des Flusses fand eine Wölfin die Zwillinge, die sie wie ihren eigenen Nachwuchs säugte. Anschließend nahm sich ein Hirte ihrer an und zog sie auf. Als die Findelkinder erwachsen waren, gründete Romulus 753 v. Chr. das antike Rom. Nach einem Streit erschlug er seinen Bruder, weil sich der über die Errichtung der Stadtmauern lustig gemacht hatte, indem er einfach über sie gesprungen war.

b) Schreibe die ersten acht Artikel mit ihren Nomen in dein Heft und bestimme die Form (Genus, Numerus, Kasus).

1.6 Pronomen und andere Wortarten

1 **Übersicht zu den Pronomen und Personalpronomen**

Als Pronomen (Fürwörter) werden Wörter bezeichnet, die stellvertretend für ein Nomen/Substantiv stehen.
Dieser Esel ist schwarz. Meiner ist grau.

Andererseits können sie wie ein Artikel ein Nomen begleiten.
Meine Haussklavin war teuer.

Pronomen sind nicht komparierbar (steigerbar) wie Adjektive, aber nach Kasus, Numerus und Genus flektierbar. Es gibt verschiedene Pronomenarten:

- persönliche Fürwörter oder Personalpronomen,
  Kaiser Nero ließ ihn hinrichten.
- besitzanzeigende Fürwörter oder Possessivpronomen,
  Seine Familie wurde aus Rom verbannt.
- bezügliche Fürwörter oder Relativpronomen,
  Sogar, sein Bruder, der Senator war.
- rückbezügliche Fürwörter oder Reflexivpronomen,
  Nero ließ nicht mit sich spaßen.
- hinweisende Fürwörter oder Demonstrativpronomen,
  Dieser Kaiser war unberechenbar.
- fragende Fürwörter oder Interrogativpronomen,
  Wer hatte schon den Mut, ihm die Stirn zu bieten?
- unbestimmte Fürwörter oder Indefinitpronomen.
  Viele glauben sogar, er habe Rom anzünden lassen.

Die Pronomen ermöglichen es dir, schwerfällige **Wiederholungen** zu **vermeiden** und verschiedene **Verhältnisse** zu und zwischen verschiedenen Nomen zu verdeutlichen:
Der Feldherr sagt seinen Soldaten, dass sie ihm die Treue schwören müssen.
Der Gast will nicht diesen Wein, sondern den, von dem sie ihm gestern zu trinken gegeben haben.

Personalpronomen (persönliche Fürwörter) sind **ich, du, er, sie, es, wir, ihr, sie** und **Sie.**
Sie können **anstelle eines Nomens** stehen. Damit vermeidet man – wie oben bereits erwähnt – unschöne Wortwiederholungen.
der Kaiser → er, das Pferd → es, die Münzen → sie
Der Kaiser hat die Münzen für das Pferd ausgegeben.
Er hat sie für es ausgegeben.
Wie man sieht, sollte man aber vermeiden, zu viele Pronomen in einem Satz zu verwenden, weil dieser dann schnell unverständlich wird.
Bei der Anrede gibt es zwei Möglichkeiten:
Die **vertraute Anrede** wird mit **du/ihr ausgedrückt.**
Brutus, kannst du mir Auskunft geben?
Die Anredepronomen *du* und *ihr* mit ihren besitzanzeigenden Fürwörtern (*dein, euer* etc.) können in Briefen und E-Mails klein- oder großschreiben. In allen übrigen Texten müssen sie kleingeschrieben werden.

Die zweite Möglichkeit besteht in der **höflichen Anrede** mit **Sie.**
Liebe Senatoren, wie geht es Ihnen? Geben Sie mir bitte Auskunft!
Diese besonders höfliche Anrede findet ihren Ausdruck in der Großschreibung des *Sie*.

Wie Nomen können die Personalpronomen **in verschiedenen Kasus (Fällen)** stehen:

Numerus	*Person*	*Genus*	*Nominativ*	*Genitiv*	*Dativ*	*Akkusativ*
Singular	1.		ich	meiner	mir	mich
	2.		du	deiner	dir	dich
	3.	Maskulinum	er	seiner	ihm	ihn
		Femininum	sie	ihrer	ihr	sie
		Neutrum	es	seiner	ihm	es
Plural	1.		wir	unser	uns	uns
	2.		ihr	euer	euch	euch
	3.		sie	ihrer	ihnen	sie
Höflich-keitsform			Sie	Ihrer	Ihnen	Sie

2

1. **Beantworte die Frage mit „Ja“ oder „Nein“ und verkürze den anschließenden Aussagesatz durch ein passendes Personalpronomen im korrekten Kasus.**

Streichelt er sein Pferd? – Ja, er streichelt es.

a) Beten die Priester am frühen Morgen? – Ja, ...

b) Trinkst du gerne Wein? – Nein, ...

c) Schneidet ihr die Zwiebeln? – Nein, ...

d) Spannt er seinen Bogen nach? – Ja, ...

e) Schenkt sie ihrem Mann etwas? – Nein, ...

f) Siehst du den Falken? – Nein, ...

2. **Ersetze den unterstrichenen Teil des ersten Satzes im zweiten Satz durch ein passendes Personalpronomen.**

a) Julius Cäsar war ein Römer. .... lebte von 100 bis 44 v.Chr.

b) Es gibt viele Statuen mit seinem Bildnis. .... sind oft aus Marmor gehauen.

c) Anna und Jannis sind nach Rom gefahren. Haben .... solche Statuen gesehen?

d) Die beiden entdeckten Cäsars Kopf häufig in Rom. Anna und Jannis fotografierten ....

3. **Markiere das falsche Pronomen und ergänze das passende.**

a) Du seid aus Italien. ....

b) Ihr sind aus Germanien. ....

c) Sie wohnst an der Via Appia. ....

4. Markiere alle Personalpronomen.

Die Überlieferung lehrt uns folgende Geschichte:
Die Kelten waren 387 v. Chr. nach Rom eingedrungen. Nachts versuchten sie, auch den Hügel des Kapitols zu erobern. Auf ihm wurden zur Ehre der Göttin Juno heilige Gänse gehalten. Sie schlugen Alarm, als der Anführer der Kelten mit ein paar seiner Männer die Anhöhe hinaufklettern wollte. Der römische Befehlshaber konnte ihn von der Mauer stoßen, sodass er die anderen mitriss. Das Federvieh hatte Rom also zunächst gerettet. Doch wir wissen, dass es vergebene Mühe war, weil die Kelten nur gegen eine Goldzahlung aus der Stadt abzogen.

5. Schreibe die Geschichte erneut (in dein Heft) und benutze passende Nomen anstatt der unterstrichenen Personalpronomen.

3 TEST

Unterstreiche alle Personalpronomen und bestimme Person, Numerus und Kasus.

Gaius Julius Cäsar ist eine bekannte Persönlichkeit des römischen Reiches. Er entstammte einer angesehenen patrizischen Familie, allerdings war sie verarmt. Für ihn war eine Ämterlaufbahn vorgesehen. Später wurde er Staatsmann und Feldherr. Mit ihm eroberten die Soldaten Gallien. Berühmt ist sein Zitat: „Ich kam, sah und siegte!“ Die letzte große Pharaonin Kleopatra faszinierte Julius Cäsar sehr. Er lernte sie 48 vor Christus in Ägypten kennen. Bald darauf wurden die beiden ein Liebespaar. Sie bekamen einen gemeinsamen Sohn. Kannst du dir vorstellen, wie der gemeinsame Sohn von Cäsar und Kleopatra hieß? Wenn nicht, schau doch einfach im Internet oder Lexikon nach.

1 Possessiv- und Relativpronomen

Possessivpronomen **(besitzanzeigende Fürwörter)** zeigen an, wem oder zu wem etwas gehört. Sie begleiten meist ein Nomen.

seine Schriftrolle, dein Sklave, ihr Garten

In der höflichen Anrede wird es – genau wie beim Personalpronomen – großgeschrieben und grammatisch wie die **3. Person Plural** verwendet.

Die **Possessivpronomen** sind:

	Singular	*Plural*
1. Person	**mein(e)**	**unser**
2. Person	**dein(e)**	**euer(e)**
3. Person	**sein(e)** *(Maskulin)* **ihr(e)** *(Feminin)* **sein(e)** *(Neutrum)*	**ihr(e)**
Höflichkeitsform	**Ihr**	**Ihr(e)**

Das Possessivpronomen stimmt mit dem zugehörigen Nomen in Numerus und Genus überein.

Das ist meine Katze. Das ist die Katze meines Kindes. Ich schenke meinem Kind/meinem Sohn/meiner Tochter etwas. Unsere Katze lasse ich mit meiner Wolle/meinem Ball spielen.

Relativpronomen **(bezügliche Fürwörter)** leiten einen Nebensatz (Relativsatz) ein, beziehen sich in der Regel auf ein vorhergehendes Nomen und stimmen mit diesem in Genus und Numerus überein.

Die häufigsten Relativpronomen heißen der, die, das.

Die einfachen Römer aßen einen Brei, der aus Getreide oder Bohnen bestand.

Es gibt aber auch noch welcher, welche, welches.

Das Abendessen, welches die wichtigste Mahlzeit in Rom war, bestand aus drei Gängen.

1. Welche Possessivpronomen sind *falsch* eingesetzt? Kreuze an.

2

	mein Kind		deine Sklave		ihre Esel
	sein Freundin		meine Sklaven		unser Galeere
	ihr Vater		sein Lehrer		dein Schiff
	ihre Kleid		euer Pferde		unsere Armee
	ihre Familie		seine Mutter		meine Opfer
	meine Villa		ihre Götter		meine Arzt

2. Welches Wort passt nicht in die Reihe? Begründe, warum nicht. Schreibe in dein Heft.

a) mein – unser – dein – sein
b) uns – euch – mein – es
c) ich – unser – wir – sie

3. Ergänze die Sätze mit passenden Possessivpronomen.

a) Du gehörst jetzt Julius Cäsar. Du bist .... Sklave.

b) Dieser Hund gehört seiner Tochter. Es ist .... Hund.

c) Dort siehst du die Wachstäfelchen der Kinder. Es sind .... Schreibtafeln.

d) Die Villa gehört der Familie Julius Cäsars. Es ist .... Villa.

e) In diesem Zimmer schlafe ich. Es ist .... Schlafgemach.

f) Dieser Holzbecher gehört dir. Es ist .... Becher.

4. Setze die *fehlenden* Personal- bzw. Possessivpronomen ein.

Die Liebesbeziehung zwischen Kleopatra und Cäsar hatte einige Jahre Bestand. .... wurde .... Beraterin und später die Mutter .... Sohnes. .... nannten .... Kind Cäsarion. Kleopatra und Julius Cäsar standen einst im großen Palastsaal, und sie sagte zu .... :

„.......... kannst .... keine Befehle erteilen. .... fühle ....
zu dir hingezogen und ich bin .... Geliebte, aber .... bist nicht .... Ehemann, dem .... untertan bin.“ Nach Cäsars Ermordung ernannte Kleopatra .... Sohn zum Mitregenten.

5. Füge die passenden Relativpronomen ein.

Julius Cäsar hatte einen Sklaven,

a) .... als Krieggefangener aus Syrien kam.

b) .... das Heimweh nach Syrien sehr plagte.

Dieser Sklave war für eine Eselin verantwortlich,

c) .... Fell sehr struppig war.

d) .... die Arbeit auf dem Feld schwerfiel.

6. Ergänze jeweils das fehlende Relativpronomen. Entscheide, ob es im Nominativ, Akkusativ oder Dativ steht.

a) Die drei Arbeiter, ... im Garten arbeiten, sind ebenfalls Sklaven.

....

b) Augustus, ... diese Villa gehört, ist ihr Herr. ....

c) Der Apfel, ... sie heute Augustus gebracht haben, war sehr süß.

....

7. Forme aus den zwei vorgegebenen Sätzen mithilfe eines Relativpronomens einen Satz. Schreibe in dein Heft.

Hier ist die Sklavin Lydia. Sie arbeitet auf Ciceros Landgut.
Hier ist die Sklavin Lydia, <u>die</u> auf Ciceros Landgut arbeitet.

a) Wie gefällt dir der neue Sklave? Ich habe ihn gestern gekauft.

b) Der Senat entscheidet über die Entwicklung Roms. Cäsar gehört dem Senat an.
c) Der römische Senat war bis zum Ende der Republik die wichtigste Institution des römischen Staates. Seine Mitglieder hießen Senatoren.

8. In den Wörtern haben sich Pronomen versteckt. Findest du sie?

L<u>euch</u>trakete – Nordasien – auseinander – Heuernte – richtig – Leihmutter – Hundeinsel – Direktor – unseriös – unwirsch – Sieger – Finanzwirtschaft – Diebesgut – vergessen – Pferderennen – Dichter – Meineid

9. Bestimme aus den gefundenen Pronomen der Aufgabe 8 die Relativpronomen und die Possessivpronomen und notiere sie geordnet in dein Heft.

Tipp:
Wenn du unsicher bist, nutze „welches", um das Wort auszutauschen. Denn nur das Relativpronomen das lässt sich – anders als die Konjunktion dass – durch welches ersetzen.

3 **TEST**

Markiere die Personal-, Possessiv- und Relativpronomen unterschiedlich.

Der Unterricht im antiken Rom, den die meisten Mädchen und Jungen ab dem 7. Lebensjahr besuchten, begann bei Tagesanbruch. Zum Erlernen des Alphabets zeigte ihr Lehrer Buchstaben, die er aus Holz formte. Manchmal ließ er Buchstaben, deren Form schwierig war, auch als Gebäckstücke backen. Seine Schüler mussten viel schreiben, und so schimpfte mancher über seine Aufgaben. Die Kinder schrieben auf Täfelchen, die mit Wachs beschichtet waren. Mit der spitzen Seite ihres Griffels, der aus Metall oder aus Knochen angefertigt war, ritzten sie die Buchstaben ein. Wollten sie einen Fehler löschen, nahmen sie das Griffelende, welches einen breiteren Rand hatte, und glätteten damit den Wachs.

Wortarten

1 Reflexiv- und Demonstrativpronomen

Reflexivpronomen **(rückbezügliche Fürwörter)** sind **sich, mich, dich, uns, euch** ... Sie beziehen sich auf den Satzgegenstand (das Subjekt) des Satzes.

Ich setze mich. Du fürchtest dich. Er beeilt sich.

Du solltest dir keine Sorgen machen.

Viele Verben ziehen entweder ein Reflexiv- oder ein Personalpronomen nach sich. Je nachdem verändert sich die Bedeutung des Verbs.

Sie erinnert sich (Reflexivpronomen) an ihre Verabredung.

In diesem Satz beziehen sich Personal- und Reflexivpronomen auf **ein und dieselbe Person.**

Sie erinnert mich (Personalpronomen) an meine Verabredung.

Hier werden mit den beiden Personalpronomen zwei verschiedene Personen bezeichnet.

Die Reflexivpronomen verteilen sich wie folgt über Person, Numerus und Genus, stehen allerdings nicht im Nominativ. Der Genitiv wird sehr selten verwendet, denn er klingt recht gespreizt. (Er vergewissert sich seiner.)

	Singular					*Plural*		
	1. Person	*2. Person*	*3. Person*			*1. Person*	*2. Person*	*3. Person*
			Mask.	*Fem.*	*Neut.*			
Nominativ	–	–	–	–	–	–	–	–
Akkusativ	mich	dich	sich	sich	sich	uns	euch	sich
Dativ	mir	dir	sich	sich	sich	uns	euch	sich
Genitiv	meiner	deiner	seiner	ihrer	seiner	unser	euer	ihrer

Aus der Tabelle kann man erkennen, dass das Reflexivpronomen nur in der dritten Person Singular und Plural eine eigene Form hat: sich. Alle anderen Formen können auch bei anderen Pronomenarten vorkommen.

Demonstrativpronomen **(hinweisende Fürwörter)** sind Wörter wie **der, die, das, diese(r/s), jene(r/s), solche(r/s), derjenige, diejenige, dasjenige, derselbe, dieselbe, dasselbe ...**

Sie weisen nachdrücklich auf ein Lebewesen, ein Ding, etwas Abstraktes oder einen Sachverhalt hin.

Dieser Teil Germaniens wird von den Alemannen besiedelt. Das bedeutet, dass es sich um diesen einen Teil Germaniens handelt und um keinen anderen.
Demonstrativpronomen können **stellvertretend für ein Nomen** oder als **Artikelwörter vor einem Nomen** verwendet werden:
Dieser Sklave gefällt mir nicht. Jener sieht widerstandsfähiger aus. Solches Geschirr gab es nur in Italien. Sie hat dasselbe in Pompeji gesehen.

1. Setze die entsprechenden Pronomen ein.

2

Personal-pronomen	*Possessiv-pronomen*	*Reflexivpronomen (im Dativ)*	*Reflexivpronomen (im Akkusativ)*
ich	mein	mir	mich
		dir	
	sein		
sie (Sg.)			
		uns	
			euch
sie (Pl.)			

Tipp:
Einige Verben können nur gemeinsam mit einem Reflexivpronomen gebraucht werden: sich beeilen, sich weigern …

2. Bilde vollständige Sätze und ergänze das Reflexivpronomen. Schreibe in dein Heft.

a) ein – bauen – neues – Wir – Haus
b) bedankt – Kind – die – für – Das – Geschenke
c) Was – du – zum – wünschst – Essen

3. Streiche in den Sätzen das grammatisch falsche Wort durch und schreibe ein passendes Reflexivpronomen auf.

a) Du ziehst dir für die Reise an. ....

b) Ihr freut mich über den Sieg. ....

c) Die Senatoren unterhalten mir auf dem Forum Romanum. ....

4. Setze die vorgegebenen Sätze in den Plural (Mehrzahl). Schreibe in dein Heft.

a) Ich kämme mich.
b) Er ärgert sich über das schlechte Essen.
c) Du kaufst dir einen Tonkrug.
d) Erinnert sich das Kind daran?

5. Welches Pronomen passt nicht in die Reihe? Kreise es ein.

a) mein – euer – jener – dein

b) du – es – ihr – ich

c) uns – mich – mein – dich

6. Warum passen die eingekreisten Pronomen nicht? Schreibe in dein Heft.

7. Kreuze das passende Demonstrativpronomen an.

a) Das Forum Romanum kann man sich als großen Marktplatz vorstellen. .... Platz lag im Zentrum Roms.

☐ Das ☐ Dieser ☐ Sein ☐ Unser

b) „Panem et circenses" – Brot und Spiele für das Volk. .... Vergnügungen gab es nur im antiken Rom.

☐ Deren ☐ Die ☐ Solche ☐ Manche

8. Dreimal das gleiche Wort, doch immer eine andere Wortart. Um welche Wortarten handelt es sich?

„**Die** (a) Frau, **die** (b) dort auf der Tribüne sitzt, ist meine Frau. **Die** (c) kommt aus Spanien“.
„**Das** (d) gibt es doch nicht! **Das** (e) Mädchen, **das** (f) so nett lächelt, soll deine Frau sein?“

a) .... d) ....

b) .... e) ....

c) .... f) ....

Tipp:
Das oder dass? – „Das“ als Demonstrativpronomen kann durch „dieses“, „das“als Relativpronomen durch „welches“ ersetzt werden.
Die Konjunktion „dass“ kann nicht ersetzt werden und leitet immer einen Nebensatz ein.

Markiere im Text alle dir bekannten Pronomen und bestimme sie.

3 TEST

Diese Hochzeitszeremonie der römischen Paare, deren Eltern oftmals schon im frühen Kindesalter die Ehe arrangiert hatten, fand im Haus der Braut statt. Ihre Eltern hatten auch das Festmahl auszurichten, das bis tief in die Nacht dauerte. Anschließend mussten sich die Brautleute den symbolischen Brautraub gefallen lassen. Sie wurde, wie rituell vorgeschrieben, von ihm in ihr zukünftiges Heim überführt, wobei sie symbolisch aus den Armen ihrer Mutter gerissen wurde. Diese sollte sich keine Sorgen machen. Deshalb wurde die Braut von denjenigen begleitet, die solche Rituale liebten. Diese Hochzeitsgäste, die Hochrufe wie „Es lebe das Brautpaar“ und zünftige Lieder auf jenes junge Paar zum Besten gaben, brachten die junge Gattin zum Haus ihres Mannes. Hier bestrich sie dessen Türpfosten mit Fett und war fortan Herrin des Haushaltes.

Wortarten

1

Interrogativ- und Indefinitpronomen

Interrogativpronomen (fragende Fürwörter) sind Wörter wie **wer?, was?, welcher?** ... Sie sind, wie alle Pronomen, deklinierbar und unterscheiden sich dadurch von den anderen Fragewörtern (womit, weswegen, wodurch, wo, wann ...).
Sie leiten Frage- und Ausrufesätze ein:

Welcher Schüler ist in der Redekunst gewandt?
Was hast du gestern gemacht?
Welch überwältigende Rede!
Was für ein Unglück!

Indefinitpronomen (unbestimmte Fürwörter) sind Wörter wie **jemand, alle, einer, keiner, manche, man, wer, niemand, nichts, etwas, einige, andere, etwas, irgendein, wenige, ein bisschen, viele ...**
Sie stehen für **Personen, Dinge, Mengenangaben** usw., die **nicht näher bestimmt** werden können oder sollen. Manchmal dient ein Indefinitpronomen auch dazu, eine Menge als Ganzes zu bezeichnen (alle, sämtliche ...).

Irgendein Gladiator kämpfte, bis er vor Erschöpfung tot umfiel.
Wenige Münzen waren aus Gold.
Manche Sklaven waren sehr gebildet.

Wundere dich nicht, wenn du einige der Beispiele bereits als unbestimmte Zahlwörter kennengelernt hast. Die Grenzen zwischen beiden Wortarten sind fließend.

Tipp:
Nicht alle Fragewörter sind Interrogativpronomen. Denke daran, dass sie für ein Nomen stehen, also substantivisch gebraucht werden, und deswegen deklinierbar sein müssen.

2

1. Suche jeweils das Interrogativpronomen und kreise es ein.

a) womit – weshalb – wie – wer
b) weshalb – was – warum – weswegen
c) wo – womit – welcher – warum
d) wessen – wie – wann – wodurch
e) warum – wem – wann – wie viel

2. Unterstreiche die Interrogativpronomen und versuche, die Fragen zu beantworten.

a) Wer war der höchste römische Gott?
☐ Mars ☐ Jupiter ☐ Zeus

b) Was war das Forum Romanum?
☐ eine Gelehrtenschule ☐ ein politisches Zentrum ☐ eine Provinz

c) Welcher Römer ist der Namensgeber für den späteren Herrschaftstitel „Kaiser“?
☐ Nero ☐ Cäsar ☐ Augustus

d) Wer wurde der Sage nach von seinem Bruder getötet?
☐ Remus ☐ Romulus ☐ Brutus

e) Was meint die Redewendung „panem et circenses“?
☐ Getreide für alle ☐ Die Würfel sind gefallen ☐ Brot und Spiele

f) Wer steckte der Legende nach Rom in Brand?
☐ Cäsar ☐ Augustus ☐ Nero

g) Wer lebte nicht im antiken Rom?
☐ Trajan ☐ Marc Aurel ☐ Casanova

h) Was wurde im Circus Maximus veranstaltet?
☐ Gladiatorenkämpfe ☐ Wagenrennen ☐ Tierkämpfe

3. Welche der folgenden Fragesätze werden durch Interrogativpronomen, welche durch andere Fragewörter eingeleitet? Kreise nur die Interrogativpronomen ein.

a) Wem gehört diese Villa?
b) Weshalb hast du nicht gewartet?
c) Wann beginnen die Wagenrennen?
d) Welche Fische leben im Mittelmeer?
e) Was für ein Theaterstück wird heute gespielt?
f) Womit kann ich dir helfen?
g) Wessen Kind hat den Tonkrug zerbrochen?
h) Wer regiert denn gerade in Rom?

4. **Suche jeweils das Indefinitpronomen und kreise es ein.**

a) er – einige – euch – mir – zwanzig
b) viele – mich – wer – deren – die
c) wem – heute – dieser – sich – man
d) dessen – uns– sämtliche – du – es

5. **Bestimme die Pronomen.**

a) Jeden Morgen schaut sich Titus um. ....

b) Er lobt seinen Sklaven: ....

c) „Das freut mich sehr.“ ....

d) Dieser Stoff gefällt Titus gut. ....

e) Welches Muster ist am schönsten? ....

f) Hier ist die Tunika, die ich gestern gekauft habe. ....

6. **Bestimme die jeweilige Pronomenart für „wer“.**

a) Wer hat das Loch denn ausgehoben? ....

b) Wer da rauskommt, muss Flügel haben. ....

c) Wer ist denn hineingestürzt? ....

d) Wer anderen eine Grube gräbt, fällt selbst hinein. ....

7. **Bestimme die jeweilige Pronomenart für „was“.**

a) „Was ist denn das für eine Brücke?“ ....

b) „Man nennt sie Aquädukt. Sie transportiert Wasser zu uns in die Stadt, was für uns überlebenswichtig ist. ....

c) Die Leitung muss ein leichtes Gefälle aufweisen, was einen enormen Planungsaufwand bedeutet.“ ....

d) Was für eine tolle Erfindung! ....

8. Wie heißen die lateinischen Bezeichnungen für die folgenden Pronomen?

a) rückbezügliches Fürwort = ...

b) persönliches Fürwort = ...

c) fragendes Fürwort = ...

d) besitzanzeigendes Fürwort = ...

e) unbestimmtes Fürwort = ...

f) hinweisendes Fürwort = ...

g) bezügliches Fürwort = ...

Unterstreiche alle Indefinit- und Interrogativpronomen.

3 TEST

Niemand wollte den großen Sklavenmarkt verpassen. Alle hatten sich schon lange darauf gefreut, und man sprach seit Tagen von nichts anderem. Was werden die Sklaven kosten? Welcher Händler wird den höchsten Preis erzielen? Wann beginnt die Veranstaltung endlich? Wo werden die kräftigsten Sklaven angepriesen? Manche Käufer waren von weit angereist, und sämtliche Unterkünfte Roms waren ausgebucht. Jeder wollte mit einem neuen Sklaven heimkehren. Wessen Sklave war wohl der profitabelste? War der Sklave ein Kriegsgefangener oder wurde er aufgrund seiner Schulden in die Sklaverei getrieben? Einige kauften sogar ein paar Sklaven, sodass die Sklavenhändler mit vielen Silberstücken heimkehrten. Manche der Sklaven hatten Glück. Sie wurden als Hauslehrer für reiche Patrizierkinder gekauft. Aber welche wurden dafür auserkoren? Was geschah mit den anderen Sklaven? In Rom wurden sie meist Haussklaven, die für das Kochen, Waschen und Putzen verantwortlich waren. Wer allerdings Feldsklave wurde, hatte ein hartes Leben vor sich.

1

Numeralia – Kardinal- und Ordinalzahlen

Numeralia (Zahlwörter) bezeichnen Zählbares:
eins, zwei, hundert, viele, die Zweite, ein Dutzend, manche ...
Man unterscheidet bestimmte Numeralia **(vier, achtmal, zweifach, der Fünfte ...)**, die über die genaue Zahl informieren, und unbestimmte Numeralia **(viele, mehrere, einige, manche ...)**, die nur eine ungefähre Angabe machen.
Die bestimmten Numeralia kann man wiederum in Kardinalzahlen und Ordinalzahlen einteilen.
Kardinalzahlen (Grundzahlen) legen die **Anzahl** fest.
Zwei Millionen Münzen, die Hälfte der Sklaven
Ordinalzahlen (Ordnungzahlen) bestimmen die **Reihenfolge.**
im siebten Jahr, der erste Punische Krieg
Numeralia können wie Adjektive (z. B. der **letzte** Kaiser), Adverbien (z. B. **zweimal** besiegt) oder Nomen (z. B. eine **Million**) verwendet werden.

2

1. Hier haben sich Zahlwörter versteckt. Markiere sie farbig.

Paar meistens wenige hoch Siegerin fünfzig völlig
viereinhalb manche jemals zweitausend groß Viertel
zweimal kräftig täglich müde Milliarde vermögend

Tipp:
In Texten sollten die Zahlen von eins bis zwölf als Wort geschrieben werden.

2. Recherchiere im Lexikon oder im Internet und fülle die Lücken mit einer Kardinal- oder Ordinalzahl aus.

a) Rom ist auf .... Hügeln gebaut.
☐ Kardinalzahl ☐ Ordinalzahl

b) Kaiser Augustus war der .... römische Kaiser.
☐ Kardinalzahl ☐ Ordinalzahl

c) Zwischen Karthago und dem Römischen Reich gab es .... große Punische Kriege.
☐ Kardinalzahl ☐ Ordinalzahl

3. Die Zahlwörter unten sind völlig durcheinandergeraten. Ordne sie in zwei Zeilen so, dass du bestimmte und unbestimmte Numeralia voneinander trennst und von links beginnend die von den Wörtern bezeichnete Menge nach rechts immer größer wird.

drei Viertel viele ein Bruchteil ein Dutzend alle vereinzelte
die Hälfte wenige drei Millionen zweitausend die meisten
fünf

bestimmte Numeralia: ....

....

unbestimmte Numeralia: ....

....

3 TEST

Unterstreiche im Text über Pompeji die Kardinalzahlen, die Ordinalzahlen und die unbestimmten Numeralia jeweils unterschiedlich.

Pompeji ist eines der vielen Touristenattraktionen Italiens, liegt auf dem vierzigsten Längengrad und ist ca. neun Kilometer von Neapel sowie ungefähr siebenhundert Meter vom Meer entfernt. Diese Stadt wurde in seiner etwa siebenhundertjährigen Geschichte von zahlreichen Völkern, wie z. B. den Griechen, Etruskern und Römern, bewohnt. Pompeji liegt am Rande eines eintausenddreihundert Meter hohen Vulkans, der Vesuv genannt wird. Beim Ausbruch dieses Berges im Jahre 79 n. Chr. wurde die Stadt vollständig verschüttet und mehrere Jahrhunderte lang völlig vergessen. Im achtzehnten Jahrhundert entdeckten Archäologen bei Grabungen das antike Städtchen, und damit begann die zweite Geschichte dieser Stadt, da sie jedes Jahr unzählige Urlauber besuchen.

Wortarten

1 Adverbien

Adverbien (Umstandswörter) haben die Aufgabe, Umstände näher zu bestimmen. Sie machen genauere Angaben über den **Ort**, die **Zeit**, die **Art und Weise** und die **Gründe** eines Geschehens. Sie beantworten also die Fragen, wo, wann, wie und warum etwas geschieht. Adverbien sind in der Regel unflektierbar, sie verändern ihre Form also nur in Ausnahmefällen (z. B. oft – öfter – am öftesten). Sie stehen, wie der Name schon sagt (lat. ad = bei), häufig beim Verb.

Es *regnet* draußen. Vielleicht *hagelt* es auch bald.
Er *isst* gerne. Deswegen *nimmt* er zu.

Nicht selten bestimmen sie aber auch ein Adjektiv näher.
überaus *fleißig*, äußerst *schwierig*, halbwegs *vernünftig*, sehr *schön*

Adverbien lassen sich hauptsächlich unterscheiden in:

1. Lokaladverbien (Umstandswörter des Ortes)
   Erkennungsfragen: Wo? Wohin? Woher?
   hier, überall, draußen, nebenan, irgendwo ...
2. Temporaladverbien (Umstandswörter der Zeit)
   Erkennungsfragen: Wann? Seit wann? Wie oft? Wie lange?
   heute, oft, abends, gelegentlich, stets ...
3. Modaladverbien (Umstandswörter der Art und Weise)
   Erkennungsfragen: Wie? Auf welche Weise? Wie sehr?
   allein, vielleicht, fast, sehr, gerne ...
4. Kausaladverbien (Umstandswörter des Grundes)
   Erkennungsfragen: Warum? Weshalb? Wodurch? Wozu? Wofür? Zu welchem Zweck?
   deswegen, dadurch, somit, folglich ...

Ein Adverb kann leicht mit einem Adjektiv verwechselt werden. Mit der Einsetzprobe kann man immer feststellen, ob ein Wort ein Adjektiv oder ein Adverb ist. Adjektive lassen sich zwischen Artikel und Nomen einsetzen: **Das Tipi ist *groß*. Das *große* Tipi.** Mit Adverbien ist dies niemals möglich: **Das Tipi steht *nebenan*. Das „nebenane" Tipi**, diese Form gibt es im Deutschen nicht!

Tipp:
Der Begriff „Adverb" ist die Bezeichnung für eine Wortart (wie Nomen, Verb, Adjektiv), der Begriff „adverbiale Bestimmung" ist die Bezeichnung für ein Satzglied (wie Subjekt, Prädikat, Objekt). Die Begriffe solltest du nicht verwechseln.

2

1. Suche jeweils das gegenteilige Adverb.

a) oben – ....
b) nirgendwo – ....
c) immer – ....
d) abwärts – ....
e) innen – ....
f) rückwärts – ....
g) abends – ....
h) oft – ....

2. Worüber geben die im Text unterstrichenen Adverbien Auskunft? Vervollständige die nachfolgende Tabelle und ordne die Adverbien in die richtige Spalte ein.

Manchmal wurde ein Schakal oben auf dem Berg gesichtet. Er saß abends alleine unter einem Baum und blickte ins Tal. Der Indianerhäuptling wollte deswegen in Erfahrung bringen, ob sich das Tier gelegentlich noch näher an das Dorf herantraute. Somit schickte er seine beiden Kinder sofort auf Spurensuche, obwohl es draußen in Strömen regnete. Zähneknirschend und pitschnass erfüllten die Geschwister überall um das Dorf ihren Auftrag, konnten aber dennoch keine verdächtigen Spuren entdecken. Der intensive Niederschlag hatte die beiden völlig durchnässt, doch sie kehrten bald zu ihrem Vater zurück, da sie nirgends Schakalspuren entdeckt hatten.

temporal	*kausal*		*modal*
(Zeit)	*(Grund)*	*(Ort)*	*(Art und Weise)*
Wann? Wie oft?		Wo? Wohin?	

3. **Hier sind Adverbien und Konjunktionen durcheinandergeraten. Unterstreiche alle Adverbien.**

ohne dass – indem – dass – sodass – deswegen – sondern – folglich – daher – dennoch – weil – trotzdem – dann – oft – obgleich – damit – während – so – obwohl – und – darum – denn – als

4. **Bestimme, ob es sich bei den fett gedruckten Wörtern um Adverbien oder Adjektive handelt. Denke daran, dass sich Adverbien meist nicht flektieren lassen.**

Die Herkunft der Bezeichnung „Indianer" beruht auf einem der **größten** Irrtümer der Weltgeschichte, denn bis zu seinem Tod war Christoph Kolumbus **stets** der Meinung gewesen, den Seeweg nach Indien entdeckt zu haben. **Deswegen** war es für ihn auch **logisch**, die Eingeborenen, die er **damals** in der Neuen Welt traf, **flugs** als „Indios" zu bezeichnen. Dies ist das spanische Wort für Indianer, das bis **heute** in Lateinamerika für die Ureinwohner benutzt wird. Alle Bemühungen, diesen **sprachlichen** Fehler wieder **rückgängig** zu machen, sind bis zum **heutigen** Tag gescheitert. Das Interesse an den Indianer ist bei den Kindern in Deutschland **groß**. Es existieren **viele verschiedene** Bücher und Spiele zu diesem Thema. Allerdings spiegelt der Inhalt dieser Werke **oft** das Bild des Indianers wider, das wir aus Wildwestfilmen kennen.

5. **Setze in die Lücken passende Adverbien aus dem kleinen Wortspeicher ein. Vorsicht, es werden nicht alle unten aufgeführten Wörter benötigt.**

fast – außerdem – wieder – oft – dadurch – heute – trotzdem – dann

Die Friedenspfeife ist noch .... ein bekanntes Symbol für eine Streitschlichtung bei den Indianern. .... wurden während des Stopfens der Pfeife angenehm riechende Kräuter verbrannt. .... sollten böse Geister verjagt und .... positive

Energien angezogen werden. Die heilige Pfeife wird .... von Norden nach Süden und von Osten nach Westen durch den Rauch gezogen und im Uhrzeigersinn in alle Himmelsrichtungen gehalten. Endlich wird sie angezündet und .... im Uhrzeigersinn durch den Kreis der Versammelten gereicht.

Tipp:
Manche Grammatiken führen noch eine fünfte Gruppe von Adverbien an: die ***Interrogativadverbien (Frageadverbien)****. Sie sind Wörter in einem Fragesatz, die nach den Umständen (Ort, Zeit, Ursache, Art und Weise, Zweck) fragen, unter denen das, was im Satz ausgeführt wird, erfolgt. Sie stehen meist an der Spitze des Fragesatzes und gehören mit den Interrogativpronomen zu den Fragewörtern.*
inwiefern, inwieweit, wann, warum, weshalb, weswegen, wie, wiefern, wieso, wo, wobei, wodurch, wofür, wogegen, woher, wohin, womit, wonach, woran, worauf, woraus, worin, worüber, worum, worunter, wovon, wovor, wozu …

6. Stelle zu folgenden Antworten die passenden Fragen mit einem geeigneten Interrogativadverb. Schreibe in dein Heft.

a) Die Tipis sind aus Tierfällen und Holzstangen hergestellt.
b) Die Büffelherden wandern während der Trockenzeit.
c) Die Indianer jagten ursprünglich mit Pfeil und Bogen.
d) Der Indianerstamm der Apachen wohnte im Südwesten der USA.
e) Viele Indianer mussten ihr Land wegen weißer Siedler verlassen.
f) Viele weiße Siedler kamen auch aus Deutschland.
g) Durch die Romane von Karl May entstand ein verfälschtes Bild vom Wilden Westen.

7. Dies sind alles Zeitangaben. Unterstreiche nur die Adverbien.

häufig – heute – selten – oft – jede Woche – immer – ewig – stets – nie – regelmäßig – gelegentlich – täglich – zuerst – spät – ständig – sofort

8. Unterstreiche das Adverb in den Sätzen und stelle fest, wie es erfragt werden kann.

Der Jäger schlich sich seitwärts an den Bären.

Wo schlich er sich an den Bären?

a) Die Indianer versammeln sich abends am Lagerfeuer.

....

b) Der Schakal saß oben auf dem Bergrücken.

....

c) Als der Indianerjunge sich verletzte, kam der Schamane eilends angelaufen.

....

d) Obwohl die Friedenspfeife geraucht wurde, kam es trotzdem zum Krieg.

....

e) Das Indianermädchen spielt gern mit den Glasperlen.

....

9. Erfinde drei Sätze, die dem Muster der Sätze aus Aufgabe 8 folgen. Unterstreiche jeweils das von dir verwendete Adverb. Schreibe in dein Heft.

Unterstreiche die Adverbien und ordne sie in einer Tabelle den vier Hauptgruppen zu.

3 TEST

Rauchzeichen sind eine einfache Form, um sich gelegentlich über weite Strecken hinweg verständigen zu können. Sie sind durch die Anwendung bei den Indianerstämmen Nordamerikas überall bekannt geworden. Um Rauchwolken zu erhalten, wurde dem offenen Feuer tagsüber gerne nasses Gras zugesetzt. Dadurch bildete sich starker Rauch. Die stark qualmende Feuerstelle wurde sofort mit einer Decke abgedeckt. Der sich sammelnde Rauch wurde in bestimmten Abständen freigesetzt und stieg aufwärts in den Himmel. Deswegen entstanden Zeichenfolgen von *„Rauch“* und *„Nichtrauch“*. Folglich konnten Eingeweihte diesen Abfolgen, ähnlich wie beim Morsen, unterschiedliche Bedeutungen zuteilen. Unterscheidungsmerkmale waren genauso die unterschiedliche Größe der einzelnen Wolken sowie deren Farbe. Letzteres konnte größtenteils durch die Wahl der rauchbildenden Feuerbeigaben beeinflusst werden. Hier und heute werden Rauchzeichen immer noch mittels Signalpistolen abgegeben.

lokal	*temporal*	*modal*	*kausal*

1 Konjunktionen – Allgemein

Konjunktionen (Bindewörter) verbinden Wörter, Satzteile und Sätze miteinander. Sie können nicht flektiert werden, d. h., sie verändern nie ihre Form. Es gibt **eingliedrige** Konjunktionen, wie **weil, aber ...**, aber auch **mehrgliedrige** Konjunktionen, wie **sowohl ... als auch, weder ... noch**.
Man unterscheidet die nebenordnenden von den unterordnenden Konjunktionen.
Nebenordnende Konjunktionen, wie **und, aber, oder, denn, sowohl ... als auch, sondern**, verbinden Wörter, Wortgruppen und Hauptsätze miteinander, die grammatisch gleichrangig nebeneinander stehen.

Die ältesten und klügsten Männer eines Indianerstammes wählten den Häuptling aus.
Die Prärieindianer folgten den Bisonherden, denn sie jagten diese Tiere.

Nebenordnende Konjunktionen lassen sich einteilen in
- kausale (Grund, Ursache) → **denn**,
- adversative (Gegenteil/Widerspruch) → **aber, sondern**,
- kopulative (Reihung, Verbindung) → **und, wie** und
- alternative Konjunktionen (mehrere Möglichkeiten) → **oder**.

ohne Komma werden verwendet	*mit Komma werden verwendet*
und*, oder, wie, sowie, sowohl ... als auch, entweder ... oder, weder ... noch	aber, denn, sondern

*wenn nach *und* ein neuer Satz mit anderem Subjekt und Prädikat folgt, darf ein Komma gesetzt werden.

Unterordnende Konjunktionen, wie **weil, obwohl, als, da, nachdem, bevor, während, wenn, dass**, leiten Nebensätze (NS) ein und verbinden sie mit einem übergeordneten Satz. Dieser übergeordnete Satz kann ein Hauptsatz (HS) oder ein weiterer Nebensatz sein. Diese Konjunktionen sind Kommawörter, d. h., ihnen geht immer ein Komma voraus.

Ein Indianerhäuptling musste sehr erfahren und tapfer sein (HS), weil er seinen Stamm im Krieg anführen musste (NS).
Prärieindianer glaubten (HS), dass sie die Bisons anlocken konnten (NS 1), wenn sie beim Tanz Bisonmasken trugen (NS 2).

Die unterordnenden Konjunktionen lassen sich nach der Art der gedanklichen Verknüpfung einteilen in
- temporale (Zeit) → **als, bevor, während, wenn**,

- modale (Art und Weise) → **dadurch ... dass, indem, als,**
- kausale (Grund) → **weil, da, zumal,**
- finale (Absicht) → **damit, dass,**
- konditionale (Bedingung) → **falls, wenn, sofern,**
- konsekutive (Folge) → **, sodass (auch: so dass)** und
- konzessive Konjunktionen (Gegengrund) → **obwohl, obgleich.**

1. *Welches Wort ist eine Konjunktion? Kreise es ein und bestimme, ob es sich um eine neben- oder unterordnende handelt.* 2

a) warum – während – weshalb – wieso ....

b) obwohl – ohne – obendrein – ohnegleichen ....

c) der – dessen – denn – danach ....

d) inzwischen – innen – insgesamt – indem ....

e) aber – auch – anders – alle ....

2. *Welche Konjunktion ist die richtige? Unterstreiche sie.*

a) ... die Indianer noch keine Pferde hatten, mussten sie sich langsam an die Beute heranschleichen. **als/nachdem/falls/aber**

b) Für die Kriegsbemalung benutzten sie rote Farbe, ... sie glaubten, dadurch unverwundbar zu sein. **sodass/während/weil/falls**

c) ... Biber zu fangen, mussten sie raffinierte Fallen bauen. **indem/um/zumal/obgleich**

d) Die wilden Mustangs wurden von den Indianern so lange gezähmt, ... sie auf ihnen reiten konnten. **weil/denn/während/bis**

3. *Verbinde die beiden Sätze mithilfe einer unterordnenden Konjunktion zu einem inhaltlich korrekten Satz. Verwende die Wörter: nachdem, sondern, da, weil, bevor, sofern ...*

a) Die Indianermütter hatten ihre Babys immer bei sich. Ihre Babys lagen in Wiegebrettern auf dem Rücken ihrer Mütter.

b) Indianerkinder hießen oft „Starker Bär“. Sie wurden nach Tieren benannt.

c) Die Indianermädchen gingen nicht zur Schule. Sie halfen der Mutter.

4. Setze in jede Lücke eine andere nebenordnende Konjunktion.

Die Frauen organisierten .... den Aufbau .... den Abbau ihrer Tipis. Die großen Zelte wurden mithilfe von Holzstangen aus Kiefern-...................... Fichtenholz .... Bisonhäuten aufgebaut. Das Zelt war nicht vollständig geschlossen, ... hatte oben eine Öffnung.

5. Setze die nachfolgenden Konjunktionen in die Lücken. Achtung, einige Konjunktionen passen nicht.

sodass – und – falls – und – denn – oder – aber – da – während – dass – aber – obwohl – damit – sowohl – wenn

Die Prärieindianer folgten den Bisonherden, ... sie jagten diese Tiere. Sie zerlegten zahlreiche dieser Tiere, ... sie rotteten die Herden nicht aus. Die Bisons lieferten den Indianern das Fleisch als Nahrung, ... aus ihren Häuten machten sie Leder. Dieses Leder wurde zum Bau der Tipis .... zur Anfertigung ihrer Kleidung genutzt. .... man vor zweihundert Jahren in Europa seine Kleidungsstücke käuflich erwerben konnte, war dies bei den Prärieindianern nicht möglich. Sie konnten ihre Alltagsgegenstände nicht kaufen, ... mussten sie sich selbst herstellen, ... die Kleidungsstücke meist aus Leder genäht ....

individuell kunstvoll verziert waren. .... man Perlen besaß, wurden diese auf das Hemd gestickt, ... das Kleidungsstück schöner aussah. .... Bisonfelle oftmals vorhanden waren, erlegte man für die Anfertigung eines Hemds eine Antilope, ... ihr Fell wesentlich weicher war. .... es kalt wurde, legten sich die Indianer Felle aus Bisonhäuten um.

3 TEST

Welche Sätze passen zusammen? Verknüpfe zwei Sätze mithilfe passender Konjunktionen zu einem inhaltlich logischen Satz. Benutze jede Konjunktion nur einmal.

Der Indianer, seine Frau und Kinder arbeiteten zusammen.	Ihre Tipis konnten transportiert werden.
Das Kalumet, die Friedenspfeife rauchten die Indianer gemeinsam.	Die Mädchen wurden von den Müttern im Haushalt angelernt.
Sitting Bull wurde Häuptling der Sioux-Indianer.	Seine Verwandten, wie Tanten und Großeltern, arbeiteten zusammen.
Die Jungen erlernten die Fähigkeiten eines Jägers und Kriegers von den Vätern.	Sie schließen mit einem anderen Indianerstamm Frieden.
Sie benutzten ein Travois, eine Art Schlitten.	Man ritzt seine Rinde an.
Sie hatten unterschiedliche Aufgaben.	Es konnte Feinde auf den Stamm aufmerksam machen.
Ein Indianerbaby sollte möglichst nicht weinen.	Er hatte sich als Medizinmann bewährt.
Man erhält den süßen Saft des Zuckerahornbaums.	Alle Indianer arbeiteten zusammen.

Sowohl der Indianer, seine Frau und Kinder als auch seine Verwandten, wie Tanten und Großeltern, arbeiteten zusammen.

Wortarten

1

Präpositionen (Verhältniswörter)

Präpositionen (Verhältniswörter) werden **nicht flektiert,** allerdings können sie mit einem Artikel (Begleiter) verschmelzen.
in das = ins, in dem = im, an dem = am, um das = ums ...
Präpositionen drücken Beziehungen/Verhältnisse zwischen Personen, Gegenständen und/oder Sachverhalten aus.
Man unterscheidet folgende Arten von Präpositionen:

- lokale Präpositionen: **in, auf, unter, am, zwischen ...**
  Sie bezeichnen räumliche Verhältnisse (Ort und Richtung).
  neben der Kiste, auf dem Herd
- temporale Präpositionen: **um, am, nach, in, vor ...**
  Sie drücken zeitliche Beziehungen (Zeitpunkt und Zeitdauer) aus.
  in vierzehn Tagen, nach drei Monaten, vor einer Woche
- kausale Präpositionen: **aus, wegen, mit, trotz ...**
  Sie geben einen Grund, einen Zweck oder eine Ursache an.
  aufgrund der vielen Verletzten, trotz des Regens
- modale Präpositionen: **mit, ohne, bei, fast ...**
  Sie bezeichnen die Art und Weise sowie die Begleitumstände.
  mit dem Schwert, ohne Mitgefühl

2

1. Beantworte die Fragen anhand des Bildes eines Gladiators und unterstreiche die dabei gebrauchten Präpositionen. Schreibe in dein Heft.

a) Wo trägt er seinen Helm? b) Wo hält er sein Schwert?
c) Wo ist sein Rundschild? d) Wo trägt er das Visier?
e) Wo befindet sich sein Beinschutz?
f) Wo ist sein Armschutz? g) Wo kämpft er?

2. Schreibe eine passende Präposition hinter das Verb.

denken .... achten .... sich ärgern ....

sich verlassen .... sich wenden .... suchen ....

3. Schreibe eine passende Präposition hinter das Adjektiv und ergänze den Begriff sinnvoll.

Adjektiv	*Präposition*	*sinnvolle Ergänzung*
wichtig	für	das Leben
reich	an	Erfahrungen
vergleichbar		
verantwortlich		
stolz		
bereit		
neugierig		
fern		
zufrieden		

4. Manche Verben sind eng mit einer Präposition verbunden. Verbinde die Satzelemente mit Strichen zu einem sinnvollen Satz.

Ich denke	**über**	die verlorene Münze.
Ich achte		meine Termine.
Er ärgert sich	**an**	seine Witze.
Wir verlassen uns		deine Hilfe.
Sie lacht		meine Ernährung.
Wendet euch	**auf**	diesen Herrn dort.
Sie kümmern sich	**um**	den Verletzten.
Ich frage		dem Weg.
Es handelt sich	**nach**	eine ernste Sache.

5. Handelt es sich bei den fett gedruckten Wörtern um Präpositionen (Präp.), Adverbien (Adv.), Adjektive (Adj.) oder Konjunktionen?

„Gladius" heißt **im** ...Präp... Lateinischen das Schwert. **Deshalb** .... wurden die Berufskämpfer, deren Ausbildung **sehr** .... viel Geld kostete **und** .... die **bei** .... **öffentlichen** .... Veranstaltungen **für** .... Aufsehen sorgten, Gladiatoren genannt. Der Kampf der Gladiatoren **gegeneinander** .... wird als Gladiatur bezeichnet, **wobei** .... der Kampf kein wildes Handgemenge darstellte, **sondern** .... ein **höchst** .... komplizierter, genauen Regeln **unterworfener** .... Kampfsport war. Bevor der Kampf begann, marschierten alle Teilnehmer in die Arena, um sich dem Publikum zu präsentieren. **Nach** .... der Präsentation kehrten sie in die Katakomben zurück, da **in** .... der Regel nur zwei Gladiatoren **gleichzeitig** .... **miteinander** .... kämpften. Der Zweikampf wurde beendet, **indem** .... einer der beiden Kontrahenten getötet wurde oder der Unterlegene aufgab und begnadigt wurde.

6. Setze folgende mit einem Artikel verschmolzene Präpositionen in die passenden Lücken des Berichts über Cäsars Ermordung ein.

im – zum – vom – ins – beim – ans – zur – hinters – am

Gaius Julius Cäsar war .... Alleinherrscher Roms aufgestiegen und hatte sich damit nicht nur Freunde gemacht. .... 15. März des Jahres 44 v. Chr. versammelte sich der Senat Roms .... Saal des Pompeiustheaters. Cäsar wolllte nicht .... Theater gehen.

Doch Cäsars Vertrauter Brutus führte ihn .... Licht und überredete den Herrscher schließlich .... Teilnahme .... Treffen des Senats. Einige Senatoren zogen unerwartet ihre Dolche und stachen zu. Auch .... Messer seines Ziehsohns Brutus durchbohrt, starb der mächtigste Mann Roms. .... Verbrechen erinnert noch heute Cäsars berühmt gewordenen Satz: „Auch du, Brutus?“

3 TEST

Setze die nachfolgenden Präpositionen jeweils an der passenden Stelle im Satz ein und entscheide, ob es sich um eine lokale (l), temporale (t), kausale (k) oder modale (m) Präposition handelt.

am (2x), auf, aufgrund, in, mit, neben, ohne, trotz, um (2x), unter, von, wegen

...Wegen... (k) der großen Hitze wurden die Gladiatoren erst .... ( ) zwölf Uhr .... ( ) Nachmittag .... ( ) die unterirdischen Katakomben des Kolosseums gebracht. .... ( ) Anfang herrschte .... ( ) den Kämpfern eine angespannte Stimmung. Jeder wusste, dass es ( ) sein Leben ging. Alle wurden .... ( ) schweren Waffen ausgerüstet. .... ( ) dem Schwert waren auch die Axt und das Netz beliebte Waffen. Nachdem der Kampf begonnen hatte, ließen sich die Gladiatoren .... ( ) der begeisterten Menschenmenge mitreißen und kämpften .... ( ) ihrer Bedenken .... ( ) Rücksicht .... ( ) Verluste. .... ( ) der Aussicht, die Freiheit zu erlangen, kämpften die Gladiatoren besonders motiviert.

Wortarten

1 Präpositionen und nachfolgender Kasus (Fall)

Präpositionen bestimmen oftmals den Kasus (Fall) des nachfolgenden Nomens:

- Präpositionen mit dem Dativ:
  mit, dank, seit, nach, binnen, zu ...
  Diese Präpositionen ergeben zusammen mit „wem oder was?" die Frage nach dem durch sie eingeleiteten Satzglied.
  Die Gladiatoren kämpfen mit dem Schwert (Dativ).
  Mit wem oder was kämpfen die Gladiatoren?
  Antwort: mit dem Schwert
- Präpositionen mit dem Dativ oder Akkusativ:
  an, auf, neben, in, zwischen, unter ...
  Geben Präpositionen Auskunft auf die Frage „wo?" (Ort), muss das nachfolgende Nomen im Dativ stehen.
  Der Gladiator liegt am Boden (Dativ).
  Wo liegt der Gladiator?
  Antwort: am Boden
  Geben Präpositionen Auskunft auf die Frage „wohin?" (Richtung), steht das nachfolgende Nomen im Akkusativ.
  Der Gladiator legt sich auf den Boden (Akkusativ).
  Wohin legt sich der Gladiator?
  Antwort: auf den Boden
- Präpositionen mit dem Akkusativ:
  durch, ohne, gegen, um, wider ...
  Diese Präpositionen ergeben zusammen mit „wen oder was?" die Frage nach dem durch sie eingeleiteten Satzglied.
  Für die Sklaven (Akkusativ) war die Arbeit meist sehr hart.
  Für wen oder was war die Arbeit meist sehr hart?
  Antwort: für die Sklaven
- Präpositionen mit dem Genitiv:
  anstelle, anstatt, aufgrund, infolge, inmitten ...
  Diese Präpositionen ergeben zusammen mit „wessen?" die Frage nach dem durch sie eingeleiteten Satzglied.
  Trotz des schlechten Wetters (Genitiv) fanden die Gladiatorenspiele statt.
  Trotz wessen fanden die Gladiatorenspiele statt?
  Antwort: trotz des schlechten Wetters

1. Unterstreiche alle Präpositionen und bestimme den Kasus des jeweils nachfolgenden Nomens. 2

Die meisten Römer hatten kein fließendes Wasser und gingen deshalb außer Haus zur täglichen Körperpflege ins öffentliche Bad. In der Therme wuschen sie sich mit warmem Wasser und ließen sich abseits des Trubels durch einen Masseur verwöhnen. Beim Toilettengang saßen sie in einer Reihe, verrichteten ihr Geschäft und unterhielten sich beispielsweise über die letzten blutigen Fechterspiele.

2. Ergänze mit einer Präposition und setze das Nomen in den richtigen Kasus.

Die Herrin des Landhauses ärgert sich .... (der Sklave),

da er ihr nicht .... (die Küchenarbeit) helfen kann.

Der neue Sklave hat Angst .... (seiner Herrin), da diese

.... (große Wutausbrüche) neigt.

Hier stimmen an einigen Stellen die Präpositionen und der Kasus der Nomen nicht. Korrigiere die Fehler und schreibe den Text richtig ab. 3 TEST

Bei ihrer Freizeit wollten die Römer Spaß. Die Veranstaltungen auf blutigen Kämpfe und vielen Zuschauern liebten sie sehr. Seit großen Rennstrecken, dem sogenannten Circus Maximus, fanden die Wagenrennen statt. Ein Fahrer stand ohne jeden Wagen und hielt die Zügel auf vier eingespannten Pferd fest, die man auch Quadriga nannte. In der Anzahl der Pferde konnten die Gespanne gegen kurzer Zeit ein hohes Tempo vorlegen und parierten auch über den Kurve für Mühen.

Wortarten

1 Interjektionen (Ausdruckswörter) – Allgemeines

Interjektionen **(Ausrufewörter, Ausdruckswörter, Empfindungswörter)** sind eine Art von Zwischenrufen oder Lauten, **die vor allem** Empfindungen, Aufforderungen, **aber auch** Grußformen **wiedergeben.**

hurra, juchhe, hey, jippi, aha, ach, hä, oje, oh, ätsch, nanu, pfui, hoppla, nanu, bäh, igitt, aua, autsch, wow, hey, hallo, prost, ahoi, tschüss ...

Sie stehen in der Regel vor, gelegentlich aber auch innerhalb des Satzes bzw. nach dem Satz und werden durch ein **Komma** von diesem abgetrennt.

Brr, ist das eine Kälte! Ach, wer hätte das gedacht. Da hat er ihm, zack, eine Ohrfeige gegeben. Das schmeckt furchtbar, igitt.

Eine spezielle Art der Interjektionen bilden die Onomatopoetika **(Nachahmungslaute).**

putt-putt, piep-piep, miez-miez, puff, dong, ratsch, patsch, platsch, peng, boing, bums, rums, blub-blub, schnippschnapp, hatschi ...

2

1. Baue die passenden Interjektionen aus dem Wortvorrat ein.

ach, autsch, bäh, hä, oje

a) .... , das tut weh!

b) .... , wieso das denn?

c) .... , schon wieder Bisonfleisch!

d) .... , wenn du wüsstest!

e) .... , das wird ein harter Winter!

2. Suche zu den Gefühlen passende Interjektionen.

Ekel	*Freude*	*Schmerz*	*Bedauern*
bäh			

3. Finde eine passende Interjektion.

a) ...., bis morgen.

b) ...., ist das kalt hier.

c) ...., ging ein Riss durch ihr Kleid.

4. Ordne die Interjektionen sinnvoll zu.

Feuerwehr	tütüt
Uhr	ritzeratze
Niesgeräusch	klick
Türglocke	schnippschnapp
Schnappschloss	klingeling
Besetztton	ticktack
Schere	hatschi
Säge	tatütata

5. Wo werden Interjektionen häufig verwendet?

Bestimme die Wortarten der mit einer Nummer versehenen Wörter.

3 TEST

„Was ist mit den überlebenden Ureinwohnern nach (1) den Indianerkriegen des neunzehnten (2) Jahrhunderts passiert?“

„Sie wurden in sogenannten Reservaten angesiedelt (3). Zu ihren (4) Anfangszeiten glichen diese (5) Gefangenenlagern, welche (6) die Indianer nur mit (7) Erlaubnis verlassen durften.“

„Pfui (8), das ist gemein (9). Eigentlich hat ihnen doch das Land gehört!“

„Jetzt waren sie (10) abhängig von Lebensmittelrationen, die von den Regierungsvertretern als Druckmittel (11) verwendet wurden. Leisteten einzelne Indianer Widerstand, wurde ihnen, schwups (12), die Lebensmittelration vorenthalten, sodass (13) ihnen nichts anderes übrig blieb, als sich (14) zu fügen.“

Wortarten

1

Wortfelder

Eine Gruppe von Wörtern mit gleicher oder ähnlicher Bedeutung nennt man **Wortfeld**.

Sagen, raunen, räuspern, erzählen, flüstern, murmeln, schreien, zischen sind alles Wörter, die eine bestimmte Art des „Redens" darstellen.

Wörter mit fast gleicher Bedeutung heißen **Synonyme**.

sprechen, reden, erzählen

2

1. Ein Wort passt nicht in die Wortfeldreihe. Streiche es durch.

a) malochen – schuften – arbeiten – verköstigen – ackern

b) schlendern – probieren – marschieren – schlittern – stolzieren

c) schlemmen – decken – schlürfen – kosten – verschlingen

d) anrufen – zeichnen – kritzeln – malen – skizzieren

e) starren – blicken – schauen – kitzeln – sehen

2. Finde ein passendes Synonym.

a) stammeln – ....

b) meckern – ....

c) klagen – ....

d) petzen – ....

e) angeben – ....

3. In der Wörterschlange haben sich Wörter aus den Wortfeldern „langweilig", „interessant" und „teuer" versteckt. Findest du sie? Schreibe sie sortiert in dein Heft.

gutfesselndverliebenödenichtkostspieligauchunerschwinglich
fadgünstigpackendpreiswertwenigerunspektakulärnichtsspannend
wertvollvonwertloskostbarverdienenintelligentuninteressantfester
füreinschläferndgoldig

Tipp:
Mit treffenden Verben kann man Geschichten spannender erzählen. Man kann mit den verschiedenen Wörtern eines Wortfeldes auch unterschiedliche Wirkungen erzielen und sehr genau beschreiben.

4. In diesem Suchfeld sind waagrecht, senkrecht und diagonal Wörter aus dem Wortfeld „klein“ versteckt. Findest du alle acht Begriffe?

Z	W	E	R	G	E	N	H	A	F	T	M	I
I	N	T	I	E	R	H	S	C	H	A	U	H
E	I	W	G	R	T	B	C	H	A	P	T	G
R	T	Z	W	I	B	C	H	O	E	R	I	K
L	P	D	Y	N	L	Z	M	I	P	Z	A	E
I	P	A	S	G	U	S	A	S	N	H	E	K
C	M	I	N	I	M	A	L	I	E	J	Ö	L
H	A	E	O	N	G	A	W	K	N	A	P	P

3 TEST

Lebewesen bewegen sich oftmals auf eine besondere Art und Weise. Finde Verben, die die Fortbewegung der nachfolgenden Tiere passend beschreibt. Als Tipp gibt es immer den Anfangsbuchstaben des zu findenden Verbs. Schreibe in dein Heft:

Frosch – springen; Eichhörnchen – k... ; Hase – h...; Schmetterling – f...; Ameise – k...; Maus – t...; Adler – k...; Käfer – l...; Schnecken – k...; Storch – s...; Pferd – g...; Schlange – sch...; Qualle – sch...; Ente – w...; Schwan – g...; Elefant – m...; Jaguar –sch...; Zebra – t...; Fisch – sch...; Königsreiher – s...; Grashüpfer – h...

Wortarten

1 Wortfamilien

Wörter mit **gleichem Wortstamm** sind sprachlich verwandt und werden deshalb **Wortfamilie** genannt:
Zur Wortfamilie mit dem Wortstamm **„spiel“** gehören Wörter wie **spielen, Spielplatz, Fußballspiel, Beispiel, verspielt, mitspielen, bespielbar ...**
Manchmal **verändert** sich allerdings innerhalb der Wortfamilie der Wortstamm.

„trink“: trinken, Tränke, betrunken, Getränk ...

Innerhalb einer Wortfamilie können neue Wörter gebildet werden durch:

- **Veränderung des Stammvokals:**
  trinken – Getränk – Umtrunk ...
- **Anfügen eines Präfix' (Vorsilbe):**
  betrinken – austrinken
- **Anfügen eines Suffix' (Nachsilbe):**
  trinkbar – Trinkbarkeit – trinkfest
- **Zusammensetzungen mit anderen Wörtern:**
  Trinkbecher – Trinkgeld

2

1. ***Bilde möglichst viele verschiedene Wörter der Wortfamilie „schreiben“. Die Übersicht unten kann dir helfen.***

Vorfeld	*Wortstamm*	*Nachfeld*
		-en
		-er
be-		-e
ver-		-ung
vor		-keit
an		-lich
auf		-ling
aus		Tisch
um	schreib	Sprache
ab	schrieb	Stoff
mit	schrift	Art
nach		Kraft
unter		Bild
Recht		Weise
schön		Reform
ge-		Satz
		gewandt
		faul

2. Finde die fehlenden Wörter und trage sie unten ein.

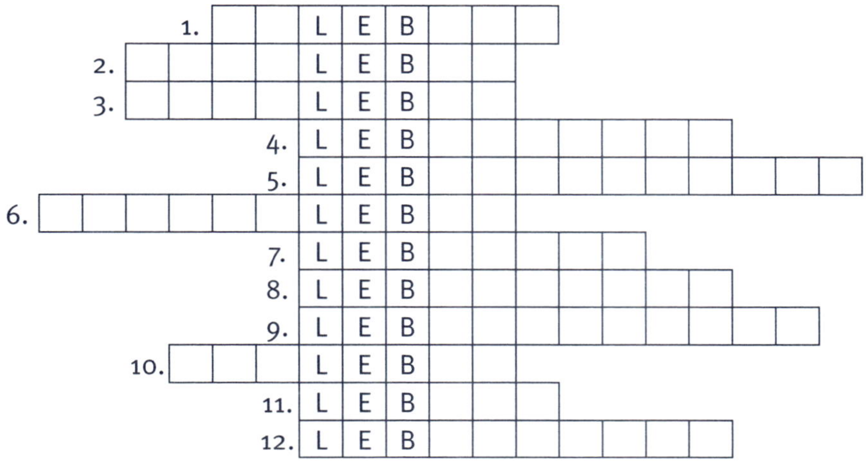

1. Du warst im Zirkus. Du hattest ein tolles ???.
2. An deinem Geburtstag lassen dich deine Freunde ???.
3. Deine Hamster sterben bereits nach zwei Jahren, aber deine Landschildkröte ist ???.
4. Die Ehe wird auch ??? genannt.
5. Herz und Lunge sind Organe, die für den Menschen ??? sind.
6. Wenn ich zwei verschiedene Existenzen habe, führe ich ein ???.
7. Ein Playboy wird auch als ??? bezeichnet.
8. Der Tod ist das ???.
9. Ein anderes Wort für Vitalität ist ???.
10. Wir ??? gerade traumhafte Ferien an der Küste.
11. Der Vogel liegt ??? auf dem Boden und bewegt sich nicht.
12. Bei der Bewerbung musst du einen ??? abgeben.

3. Der Wortstamm heißt „lehr“. Schreibe dazu mindestens zwölf Wörter aus der Wortfamilie auf. Toll, wenn dir noch mehr einfallen.

....

....

....

Wortarten

4. Finde die vier verschiedenen Wortfamilien. Kreise alle Wörter, die zu einer Wortfamilie gehören, einheitlich ein. Vorsicht, fünf Wörter passen nicht.

Spaziergang – sagenhaft – reden – aussprechen – Versager – Einkäufer – Ausgang – Einkaufszettel – Auswahl – Vorgänger – Geheimsprache – Versehen – eingegangen – angesagt – Sage – verkaufen – käuflich – zweisprachig – bezahlen – vorgehen – Aussage – Kaufhaus – Sprecherin – Aussprache – neidisch

5. In Aufgabe 4 bleiben fünf Wörter übrig. Schreibe für jedes dieser Wörter eine Wortfamilie in dein Heft. Manchmal hilft ein Blick in ein Wörterbuch.

6. Knobelaufgabe für findige Köpfe: In jeder Spalte darf nur ein Wortstamm eingesetzt werden. Denke daran, dass dieser in verschiedenen Formen vorkommen kann (siehe unten).

Ver..................	.... schaftlich	zer.................. ern
.... twende	be.................. et	.... lich
Kamin.................. er	un.................. lich	klitze..................
umge.................. t	.... schaft	.... kind
.... maschine	Duz..................	.... laut
ver.................. t	an.................. en	Hühner..................
um.................. en	.... chen	.... igkeit
.... aus	Busen.................. in	ver.................. ert
.... blech	.... schaftsspiel	.... kariert

Tipp:

Es gibt Wörter, bei denen die Wortfamilie schwer zu erkennen ist: Schiedsrichter – entscheiden, ein bisschen – beißen, Mädchen – Magd, heben – Hubschrauber. In solchen Fällen kann man in ein Spezialwörterbuch schauen. Das nennt man etymologisches Lexikon. Hier werden Herkunft und Geschichte der Wörter ergründet.

3 TEST

Die drei Wörter einer Zeile sollen zu einer Wortfamilie gehören. Vervollständige die Tabelle.

Nomen	*Verben*	*Adjektiv*
der Verkauf	verkaufen	verkäuflich
		aussagekräftig
der Geschmack		
		groß
	trinken	
die Farbe		
	feiern	
die Verbindung		
		feucht
	erklären	
	helfen	
der Stich		
der Trost		
	entscheiden	
		fremd
das Wunder		
		dunkel
		scharf
	beißen	
der Schlaf		
		arg

2. Sätze

1

Aussagesatz und Fragesatz

Ein Satz ist eine sprachliche, in sich geschlossene Einheit, die eine Aussage, Frage oder Aufforderung enthält.
Je nach Redeabsicht gibt es im Deutschen drei Satzarten und drei Satzschlusszeichen. Beim Aussagesatz ist das Verb an der zweiten Stelle, Satzzeichen ist der Punkt. Der Aufforderungssatz beginnt mit dem Verb und endet mit einem Ausrufezeichen.
Der Fragesatz endet mit dem Fragezeichen. In einer Entscheidungsfrage steht das Verb an erster Stelle, bei einer Ergänzungsfrage an der zweiten.
Durch Veränderungen in der Satzmelodie sind allerdings in der gesprochenen Sprache sehr vielfältige Variationen möglich.

Der Aussagesatz ist durch die Position des Verbs an der zweiten Stelle gekennzeichnet. Die erste Stelle kann aus einem oder mehreren, aber eng zusammengehörenden Wörtern bestehen. Er berichtet von einem Geschehen oder beschreibt es genauer.

Er spielt Fußball.
Jungen und Mädchen haben Freude am Fußball.

Der Fragesatz ist entweder durch die Position des Verbs an der ersten Stelle **(Entscheidungsfrage)** oder die Verwendung eines Frageworts **(Ergänzungsfrage)** mit dem Verb an zweiter Stelle gekennzeichnet. Er erbittet zumeist eine Auskunft.

Spielt er gerne Fußball?
Warum spielen nicht mehr Mädchen Fußball?

2

1. Unterstreiche das Verb.

Viele Jugendliche spielen sehr gerne Fußball. In unserer Jugendmannschaft trainieren Mädchen und Jungen zusammen. Die Schusstechnik unterscheidet sich nicht. Allerdings haben die Jungen oft mehr Kraft. Manche Mädchen sind dafür zäher.

2. Entscheide, ob es sich um eine Entscheidungs- oder Ergänzungsfrage handelt. Schreibe entweder „E“ für Entscheidungsfrage oder „Erg“ für Ergänzungsfrage ans Ende der jeweiligen Frage.

a) Warst du gestern im Training?
b) Wieso hast du schon wieder gefehlt?
c) Weshalb hast du dich nicht rechtzeitig abgemeldet?
d) Möchtest du nicht mehr kommen?
e) Was kann ich tun, damit du mehr Spaß am Fußball hast?
f) Wie soll ich dich ersetzen?
g) Soll ich einmal mit deinen Eltern reden?

3. Wandle in Aussagesätze um, schreibe diese in dein Heft. Unterstreiche die Verben deiner Aussagesätze.

a) Ist Neustadt unser nächster Gegner?
b) Spielen die mit einer Viererkette?
c) Ist dieses Mal der Rasen besser gepflegt?
d) Haben die immer noch dieses verrückte Publikum?
e) Funktioniert die Flutlichtanlage?

3 TEST

Wandle in Fragen um. Versuche, bei der Umwandlung den Sinn nicht zu sehr zu verändern. Unterstreiche hier und bei deinen Fragen das Verb.

Das Fußballspiel dauert 90 Minuten. Meistens fallen nicht mehr als zwei bis drei Tore in einem Spiel. Herausragende Fußballer sind in Deutschland schon immer Stars geworden. Inzwischen schaffen dies auch viele Fußballerinnen. Dies hängt auch mit den großen Erfolgen der Frauennationalmannschaft zusammen. Viele Jugendliche werden dadurch motiviert.

Sätze

1

Der Aufforderungssatz

Im Aufforderungssatz steht das Verb an erster Stelle. Manchmal wird er auch als **Befehlssatz** bezeichnet und enthält eine Aufforderung an eine andere Person, etwas zu tun oder zu lassen.

Sendet mehr Frauenfußball im Fernsehen!
Spielt auch mal den Franz an!
Lass das Dribbeln!
Schieß auch mal direkt!

2

1. *Stell dir vor, du bist der Trainer bzw. die Trainerin und musst die Halbzeitansprache vor dem Team halten: Wandle die Aussagesätze zunächst in Aufforderungssätze um. Fordere jeweils anschließend in einem zweiten Aufforderungssatz das genaue Gegenteil deiner ersten Formulierung.*

In der Halbzeitpause ruhen sich die Spieler aus. Keiner redet. Jeder trinkt viel Wasser. Manche ziehen die engen Fußballschuhe aus. Der müde Stürmer klagt über fehlende Unterstützung des Mittelfelds. Die Mitspieler versprechen Hilfe.

2. *Wandle in Fragen um.*

a) Schießt noch ein Tor!
b) Flankt genauer!
c) Zeigt mehr Einsatz!
d) Reißt euch zusammen!
e) Jammert nicht!
f) Gib öfter ab!

3. *Wie wirken sie dann auf dich?*

4. Die Aufforderungssätze wenden sich an eine Person. Wandle die Sätze so um, dass sie mehrere ansprechen.

a) Setze dich für dein Team ein!
b) Spiele konzentriert!
c) Zeige Ballgefühl!
d) Versuche, die Laufwege deiner Mitspieler zu erahnen!
e) Übe den rechten Zeitpunkt für einen guten Pass!
f) Überlege dir, welche Torecke frei ist, bevor du schießt!
g) Freue dich, jubele, spiele dann aber konzentriert weiter!
h) Rücke rechtzeitig aus der Abwehr nach!
i) Nimm deinen Kopf hoch, wenn du läufst!

5. Beschreibe, was du bei dieser Umwandlung vom Singular in den Plural tun musst.

3 TEST

Formuliere die folgenden Stichworte zunächst als Aussagesatz, dann als Entscheidungsfrage, danach als Ergänzungsfrage und zuletzt als Aufforderungssatz. Du wirst die Aussage z. T. etwas ändern müssen, um sinnvolle Sätze gestalten zu können.

a) Jungen – Mädchen – Fußball – Freude
b) Ball – sichern – Abwehr
c) Torschuss – wagen – Angriff
d) Fußball – Frauen – Stars
e) Fans – Wochenende – Stadion

1 Hypotaxe und Parataxe – Wie werden Sätze aneinandergefügt?

Die Unterordnung von Nebensätzen unter einen Hauptsatz bezeichnet man als Hypotaxe. Derartige Satzgefüge bestehen aus einem Hauptsatz und einem oder mehreren Nebensätzen. Nebensätze stehen an der Stelle von Satzgliedern und werden deshalb auch Gliedsätze genannt.
Bei einem Nebensatz steht das **Verb fast immer am Ende**. Er ist zudem durch die Verwendung eines Einleiteworts **(Konjunktion)** zu erkennen.
Infinitivsätze (S. 114) und **Partizipialsätze** werden im Satzgefüge wie Gliedsätze behandelt.

Satzgefüge aus Hauptsatz und Gliedsatz

Gliedsatz vorangestellt	Gliedsatz, Hauptsatz	Weil das Training so großen Spaß macht, geht er immer wieder hin.
	Infinitivsatz, Hauptsatz	Um Fußball zu spielen, geht er immer wieder zum Training.
	Partizipialsatz, Hauptsatz	Großes Glück empfindend, geht er zum Fußballtraining.
Gliedsatz nachgestellt	Hauptsatz, Gliedsatz	Er geht immer wieder hin, weil das Training so großen Spaß macht.
	Hauptsatz, Infinitivsatz	Er geht immer wieder zum Training, um Fußball zu spielen.
	Hauptsatz, Partizipialsatz	Er geht zum Fußballtraining, großes Glück empfindend.
Gliedsatz eingeschoben	Hauptsatz 1. Teil, Gliedsatz, Hauptsatz 2. Teil	Er geht, weil das Training so großen Spaß macht, immer wieder hin.
	Hauptsatz 1. Teil, Infinitivsatz, Hauptsatz 2. Teil	Er geht immer wieder, um Fußball zu spielen, zum Training.
	Hauptsatz 1. Teil, Partizipialsatz, Hauptsatz 2. Teil	Er geht, großes Glück empfindend, zum Fußballtraining.

Satzgefüge aus Hauptsatz und mehreren Gliedsätzen

Gliedsätze unabhängig	Gliedsatz, Hauptsatz, Gliedsatz	Obwohl sie großartig Fußball spielt, schauen manche Leute komisch, weil sie ein Mädchen ist.
Gliedsätze aneinandergereiht	Gliedsatz und Gliedsatz, Hauptsatz	Weil sie gut Fußball spielt und weil sie ein Mädchen ist, schauen manche Leute komisch.
Gliedsätze von Gliedsätzen abhängig	Hauptsatz, Gliedsatz, Gliedsatz, Gliedsatz	Manche Leute schauen komisch, weil ein Mädchen Fußball spielt, obwohl dieses Spiel als Jungensport gilt, was offensichtlich nicht stimmt.

Die **Aneinanderreihung von Sätzen** bezeichnet man als **Parataxe**.
Die Teile einer **Satzreihe** werden durch ein **Komma** getrennt, es sei denn, sie sind mit **und** bzw. **oder** verbunden.
Eine stärkere Trennung erreicht man mit dem Semikolon (Strichpunkt).
Aneinandergereihte Sätze können durch Bindewörter **(Konjunktionen)** oder Umstandswörter **(Adverbien)** verbunden werden.

> **Klaus nahm den Ball an, spielte zu Frank, bekam ihn zurück und schoss ein Tor.**
> **Klaus spielte schnell nach vorne; er schoss aber daneben.**
> **Klaus ist ein guter Fußballer und spielt sehr kameradschaftlich, aber manchmal ist das Ganze etwas uneffektiv.**
> **Klaus stürmte nach vorne, da kam ihm ein Gegner entgegen, gleichzeitig lief Franz aber mit, dann übernahm dieser und er schoss wuchtig drauf.**

Sätze

2

1. Unterstreiche jeweils die Konjunktion und das Verb nur in den Gliedsätzen.

Wenn man eine hochklassige Mädchenmannschaft gegen eine niederklassige Jungenmannschaft spielen lässt, gewinnen trotzdem die Jungen. Das zumindest behaupten sehr viele Menschen, obwohl sie vielleicht noch nie ein solches Testspiel gesehen haben. Grundsätzlich kann man aber nicht sagen, dass Frauenfußball unattraktiver als der entsprechende Herrensport ist. Es fallen ebenso interessante Tore, weil die Schusstechnik nicht zu sehr von der Kraft abhängt, was wiederum Mädchen nicht benachteiligt.

2. Unterstreiche die Gliedsätze.

Obwohl die Fernsehmacher erst skeptisch waren, hat sich die Übertragung der Frauenfußballweltmeisterschaft für die Sender gelohnt. Die Stimmung war super, was natürlich auch an den Fans lag. Weil aber die Teams so großartigen Fußball spielten, war keine große Motivation nötig, was die Stimmung in den Stadien betraf. Es ist eben heutzutage noch nicht selbstverständlich, dass die Leute den Fernseher einschalten, wenn Frauenfußball läuft. Beste Werbung, wie dieser Sommer zeigte, ist aber das Spiel selbst.

3. Verbinde jeweils zu einem Satzgefüge.

a) Fußball ist in Deutschland sehr populär. Es gibt große Stars wie Franz Beckenbauer.
b) Frauenfußball bekommt viele Fans. Großereignisse, wie die Frauenfußballweltmeisterschaft, finden statt. Tolle Spiele können gesehen werden.
c) Das Fernsehen überträgt Frauenfußballspiele. Immer mehr Mädchen interessieren sich für Fußball. Das Ganze lohnt sich für alle Seiten.
d) Man kann im Frauenfußball sein Geld verdienen. Der Frauenfußball ist weitaus professioneller geworden. Es werden große Firmen angelockt.

e) Es gibt im Fußball aber eine große Verletzungsgefahr. Dieses Problem darf nicht unterschätzt werden.

f) Es gibt eine große Begeisterungswelle. Vorsicht ist geboten.

4. Verbinde zu Satzreihen.

a) Franz geht ins Stadion. Klaus geht mit. Peter bleibt daheim.

b) Die beiden Freunde kaufen keine Tröten. Der Lärm bereitet ihnen Kopfschmerzen.

c) Sie singen lieber Fußballlieder. Sie reihen sich in den großen Fanchor ein.

d) Nach dem Spiel freuen sie sich über den tollen Tag. Sie fahren nach Hause.

Tipp:
Wenn beide Sätze das gleiche Wort als Subjekt haben, kann man das zweite weglassen. So klingen Formulierungen flüssiger.

3 TEST

Gib an, ob eine Hypotaxe oder eine Parataxe vorliegt.

a) Weil im Fußball so eine große Dramatik entstehen kann, ist dieser Sport sehr beliebt.

b) Ein Tor fällt, der Gegner muss kommen, die andere Mannschaft kann kontern und die Spannung steigt.

c) Kritiker bemängeln, dass relativ wenige Tore fallen.

d) Fans verteidigen dies; sie betonen die Besonderheit eines jeden Treffers.

e) Obwohl man sich diesbezüglich wohl nie ganz einig werden wird, ist es unbestreitbar, dass der Fußball vielen Menschen Freude macht.

Sätze

1 Infinitiv und Infinitivsatz

Nach den **Modalverben** (***dürfen, können ...***) wird der Infinitiv ohne „zu" gebraucht.

Auch im Spessart muss man sich an Gesetze halten.
Man durfte noch nie rauben.

Beim Gebrauch der **Verben *bleiben, lassen*** und ebenso ***gehen, fahren, sehen*** und ***hören*** kann der Infinitiv ohne „zu" verwendet werden.

Der faule Spessarträuber bleibt den ganzen Tag im Bett liegen.
Er lässt sich das Frühstück an das Bett bringen.
Deshalb gehen die Kameraden für ihn rauben.
Noch lieber fahren sie mit der Kutsche spazieren.
Dann sehen sie viele Tiere herumstehen.
Und sie hören die Vögel zwitschern.

Auch wenn das **Futur I** mit dem Hilfsverb ***werden*** gebildet wird, folgt der Infinitiv ohne „zu".

In Zukunft wird die Bande weniger rauben.

Die Bildung des **Konjunktivs II** mit dem Hilfsverb ***würden*** zieht auch den Infinitiv ohne „zu" nach sich.

Am liebsten würden sie zum Förster umschulen.

Ein Infinitivsatz ist immer eine Infinitivkonstruktion mit „zu". Er ist ein **Gliedsatz ohne Subjekt.** Dieses steht im vorausgehenden Hauptsatz. Der Infinitivsatz bezieht sich also auf eine **Person** oder **Sache im Hauptsatz.** Er kann **nicht konjugiert** werden, da der Infinitivsatz – wie gesagt – kein eigenes Subjekt hat.
Der Infinitiv steht **am Ende** des Infinitivsatzes. Da *zu* und der **Infinitiv** zwei Wörter sind, werden sie **getrennt geschrieben.** Bei einem **trennbaren Verb** steht allerdings *zu* zwischen der Vorsilbe des Verbes und dem Verb selbst. Deshalb wird der Infinitiv des trennbaren Verbes **zusammengeschrieben.**

Ich möchte vermeiden, im Spessart Räuber zu treffen.
Jemand versucht, ein großes Hotel im Spessart aufzumachen.
Bei Misserfolg ist er gezwungen, das Hotel wieder zuzumachen.

Tipp:
Merke dir die Redewendung: Wer brauchen **ohne zu** gebraucht, braucht brauchen gar nicht zu gebrauchen.
Allerdings wird umgangssprachlich das „zu“ oft weggelassen.

1. Unterstreiche nur die Infinitive.

2

Natürlich darf jeder, der will, im Wald spazieren. Jedoch ist es nicht erlaubt, seltene Pflanzen zu pflücken. Dieses muss nicht geschehen. In heutiger Zeit wird der Naturschutz an Wert gewinnen. Die Menschen würden zu viel Zerstörung nicht verzeihen. Wir sollten versuchen, unsere Kulturlandschaft zu erhalten. Dazu gehört auch ein vorsichtiges Benehmen der Besucher. Sonst ist vielleicht der Staat gezwungen, den Naturpark für Touristen zu schließen.

Tipp:
Infinitivsätze müssen oft mit dem Komma abgetrennt werden, manchmal ist dies jedoch freigestellt. Setze immer ein Komma, denn das ist immer richtig.

2. Unterstreiche die Infinitivsätze und trenne sie mit Komma ab.

Um naturwissenschaftlich oder kulturell besondere Orte im Wald zu präsentieren wurden Waldlehrpfade errichtet. Ab den 1960er-Jahren geschieht dies immer häufiger in Deutschland mit dem Ziel den Besuchern an Stationen Wissen zu vermitteln. Man errichtet Schautafeln um über Flora, Fauna, Geologie oder Ökologie zu informieren. Um kulturgeschichtliche Aspekte darzustellen sind sie ebenso geeignet. Manchmal werden auch Einrichtungen dafür aufgestellt naturkundliche Experimente durchzuführen. Es geht den Machern darum Wissen verbunden mit Naturerfahrung an die Menschen zu bringen. Gerade die interaktiven Stationen sind geeignet alle Sinne anzusprechen. So regt der Waldbesuch alle Sinne an um das Bewusstsein für eine intakte Natur zu schärfen. Um dies noch zu verstärken setzen manche Forstverwaltungen geschulte Waldführer ein. Auch nutzen manche Schulen diese Angebote um ihren Unterricht um diese Erfahrungen zu bereichern.

TEST **3**

Ergänze die Lücken, entscheide jeweils, ob es sich um einen Infinitiv ohne „zu“ oder um eine Infinitivkonstruktion mit „zu“ handelt. Setze, wenn es nötig ist, ein Komma und verwende das Verb, das an der Lücke in Klammern vorgegeben ist.

Viele Menschen gehen .... im Wald .... (wandern). Sie versuchen .... gesund .... (leben) und die saubere Luft .... (genießen). Der Wald dient also dazu .... sich in der Nähe .... (erholen). Die Menschen hören weniger Maschinen .... (knattern), Autos .... (hupen) und Türen .... (schlagen). Fernab der Städte wird die Ruhe als erholsam .... (empfunden). Der Körper reagiert und darf .... sich .... (erholen). Im Wald ist das Klima angenehm. Es lässt .... sich mit der höheren Luftfeuchtigkeit und der schattigen Kühle gut .... (beschreiben). Es wird versucht .... dem Wald eine positive Wirkung auf unsere seelische Verfassung .... (zuschreiben) und auch eine positive Wirkung auf das menschliche Sozialleben .... (bescheinigen). Gerade der gemeinsame Sport hilft .... Freunde .... (finden). Jogging, Walking oder im Winter Skilanglaufen würde .... alleine weitaus weniger Spaß .... (machen). Es ist gut .... unter Menschen im Wald .... (sein).

1

Adverbialsätze – Konjunktionalsätze

Adverbialsätze werden normalerweise durch **unterordnende Konjunktionen** eingeleitet. Deshalb heißen sie auch **Konjunktionalsätze.** Die Bedeutung dieser Gliedsätze hängt von der Wahl der Konjunktion ab.

Temporalsatz (betrifft die Zeit)	als, bevor, ehe, nachdem, seitdem, bis, sobald, während, wenn, solange ... wie, sooft ... wie	**Als noch Räuber im Spessart lebten,** war ein Besuch recht gefährlich.
Kausalsatz (betrifft den Grund)	weil, da, zumal	**Weil Räuber im Spessart lebten,** war ein Besuch recht gefährlich.
Konditionalsatz (gibt die Bedingung an)	wenn, falls, sofern, soweit	**Falls noch Räuber im Spessart leben,** ist ein Besuch recht gefährlich.
Konzessivsatz (verhält sich einräumend)	obwohl, obgleich, obschon, obzwar, wenngleich, wenn auch, wiewohl, ungeachtet	**Obwohl Räuber im Spessart lebten,** war ein Besuch möglich.
Konsekutivsatz (betrifft die Folge)	sodass (auch: so dass), als dass, dass	Räuber lebten im Spessart, **sodass ein Besuch recht gefährlich war.**
Finalsatz (betrifft den Zweck)	damit, dass, auf dass	Räuber wurden im Spessart verfolgt, **damit ein Besuch nicht mehr gefährlich war.**
Modalsatz (gibt die Art und Weise bzw. die Mittel an)	indem, ohne dass, anstatt dass, insofern, insoweit, soviel, sofern, soweit, wie, als, als ob, als wenn, wie wenn, dadurch ... dass, je ... desto	Räuber wurden aus dem Spessart vertrieben, **indem man sie verfolgte.**
Adversativsatz (drückt den Gegensatz aus)	anstatt dass, als dass, ehe, während	Räuber wurden einfach nur verfolgt, **anstatt dass man die Gründe für ihre Räubereien untersuchte.**
Komparativsatz (gibt den Vergleich an)	wie	Räuber wurden verfolgt, **wie man Hasen jagte.**

Sätze

1. Verbinde die Sätze, indem du passende Konjunktionen aus dem Wortvorrat in die Lücken einsetzt.

anstatt dass – anstatt dass – da – nachdem – obwohl – sodass – sodass – während – weil – wenn

.... (1) Menschen miteinander leben, kommt es auch zum Raub, ... (2) es Räuber zu allen Zeiten gab. .... (3) schon im alten Ägypten Grabdiebe bekannt waren, ist auch im Alten Testament die Rede vom barmherzigen Samariter. Dieser half einem Menschen, ... (4) jener ausgeraubt werden sollte. .... (5) man Jesus freiließ, wurde der Räuber Barrabas begnadigt. .... (6) noch heute Piraten vor Somalia aktiv sind, bekämpften schon die Römer derartige räuberische Flotten. Räuberbanden waren im Mittelalter streng geführt, ... (7) der Hauptmann nahezu uneingeschränkte Macht über seine Gefolgsleute hatte. Diese waren oftmals Verzweifelte, ... (8) sie zuvor meist als Aussätzige, Ausgestoßene oder Vogelfreie lebten. Sie sahen oft keinen anderen Weg des Überlebens. .... (9) man ihnen Arbeit gab, verfolgte die Obrigkeit sie. .... (10) man mit der Räuberei eher romantische Geschichten der Kindheit verbindet, handelt es sich natürlich um verbotene Straftaten.

2. Um welche Art von Adverbialsatz handelt es sich jeweils? Schreibe den lateinischen Fachbegriff hinter die Nummer, die sich auf die Lücken der Übung 1 beziehen.

(1) .... satz (2) .... satz

(3) .... satz (4) .... satz

(5) .... satz (6) .... satz

(7) .... satz (8) .... satz

(9) .... satz (10) .... satz

3 TEST

Um welche Art von Adverbialsatz handelt es sich? Schreibe den *lateinischen Fachbegriff für die nummerierten Sätze in dein Heft.*

Räuber und Gendarm

Damit (1) dieses Spiel Spaß macht, sollten möglichst viele Mitspieler dabei sein. Es werden zwei Gruppen, die Gendarmen und die Räuber, gebildet. Obwohl (2) sie nicht gleich groß sein müssen, sollte der Unterschied minimal sein. Man kann die Einteilung vornehmen, indem (3) man einen Abzählreim spricht. Als Spielfeld benötigt man ein abwechslungsreiches Gelände, wie (4) es aus einer Wiese mit Büschen und Bäumen gebildet werden könnte. Die Mitspieler müssen sich allerdings an die vorgegebenen Grenzen halten, weil (5) bei diesem Spiel eine Kontrolle schwierig ist. Ein mittiges Stück des Spielfeldes wird abgegrenzt, sodass (6) hier ein Gefängnis entsteht. Diesem sollte man sich nähern können, ohne dass (7) man zu leicht entdeckt wird. Gendarmen dürfen nicht eintreten. Sie müssen deutlich sichtbar gekennzeichnet werden, damit (8) sie die Räuber stets erkennen. Nachdem (9) das Spiel begonnen hat, bekommen die Räuber einen Vorsprung zum Verstecken. Die Gendarmen müssen sie finden und abschlagen, bis (10) alle ins Gefängnis gesperrt sind. Deren Insassen können befreit werden, indem (11) sie von anderen Räubern abgeschlagen werden. Das Spiel endet, wenn (12) alle Räuber von den Gendarmen gefangen wurden.

3. Satzglieder

3.1 Satzglieder erkennen

1

Umstellprobe

Jeder **Satz** besteht aus verschiedenen **Satzgliedern**. Diese können aus **einem** oder **mehreren Wörtern** bestehen. Es ist sogar möglich, dass ganze **Gliedsätze** Satzglieder sind.

Bei der **Umstellprobe** wird herausgefunden, welche Wörter zusammen ein Satzglied bilden. Du gehst so vor:
Stelle die Wörter eines Satzes **so um**, dass sich der **Sinn nicht verändert**. Alle Wörter, die sich **nur gemeinsam** umstellen lassen, bilden zusammen ein Satzglied.

Die Spessarträuber	**wohnen**	**traditionell**	**in Höhlen.**
1	2	3	4

Traditionell	**wohnen**	**die Spessarträuber**	**in Höhlen.**
3	2	1	4

In Höhlen	**wohnen**	**traditionell**	**die Spessarträuber.**
3	2	1	4

Satzglieder können auch durch die **Ersatzprobe** ermittelt werden. Das geht so:
Ersetze hierbei die **Satzglieder** durch einzelne **Wörter**, etwa **Pronomen**, oder **Wortgruppen**.

Viele Schilder	**helfen**	**den Touristen**	**beim Auffinden der Wege.**
Sie	helfen	ihnen	dabei.

Viele Besucher	**lesen**	**die informativen Schautafeln**	**bei Pausen.**
Sie	lesen	diese	dabei.

2

1. Füge die einzelnen Wörter zu einem sinnvollen Satz zusammen. Zeichne dann einen Kasten um jedes Satzglied.

Mittelgebirge | Hessen | ein | Spessart | und | in | Bundesländern | ist | den | Bayern | Der

....

....

2. Schreibe alle Möglichkeiten in deinem Heft auf, die sich ergeben, wenn man die Umstellprobe durchführt. Zeichne einen Kasten um jedes Satzglied.

> **Tipp:**
> Indem du die Umstellprobe anwendest und damit Satzglieder an den Anfang deines Satzes stellst, kannst du sie besonders betonen.

3. Stelle die Sätze um. Betone dabei das unterstrichene Satzglied.

a) Den Spessart umgeben im Großen und Ganzen drei Flüsse.

....

b) Sie heißen Main, Kinzig und Sinn.

....

c) Das waldreiche Mittelgebirge besitzt typische, abgerundete Kuppen.

....

d) Die Tiefen des Spessarts werden in besiedelten Gebieten landwirtschaftlich genutzt.

....

e) Die Höhen bedecken im Wesentlichen Eichen- und Buchenwälder.

....

f) Die Höhe der Gipfellagen beträgt zwischen 450 und knapp 600 m mit der höchsten Erhebung namens Geiersberg.

....

g) Meistens besteht der Untergrund im Spessart aus Buntsandstein.

....

4. Ersetze die Satzglieder.

a) Der Spessart beherbergt das romantische Wasserschloss Mespelbrunn.

....

b) Dieses Gebäude wurde als Wohnsitz des Geschlechts der Echter genutzt.

....

c) Mespelbrunn wurde in den Kriegen verschont.

....

d) Der Erhalt liegt an der abseitigen Lage.

....

e) Neben der Nutzung als Museum dient das Schloss als Wohnhaus der Grafen von Ingelheim.

....

f) Das Wasserschloss Mespelbrunn lockt sehr viele Touristen an.

....

3 TEST

Unterstreiche im folgenden Text alle Satzglieder. Führe dazu in deinem Kopf die Umstellprobe durch. Schreibe anschließend den Text ab und ersetze dabei das jeweils erste Satzglied eines Satzes durch geeignete Wörter (Ersatzprobe). Notiere anschließend, was dir beim neuen Text auffällt.

Der Spessart wurde vor vielen Jahren durch markierte Wanderwege für Touristen erschlossen. Der älteste und bekannteste Wanderweg ist der „Eselsweg“. Heimatforscher nennen solche Wege „Altstraßen“. Der Eselsweg führt über den Hauptkamm des Spessarts. Mittelalterliche Eselskarawanen gaben dieser Straße den Namen. Der Fernwanderweg ist mit einem schwarzen „E“ auf den Schildern markiert. In beschaulicher Einsamkeit kann der Spessart auf diese Art durchwandert werden. Ortsdurchquerungen werden vermieden.

....

....

....

....

....

....

....

....

....

Auffälligkeiten beim neuen Text:

....

....

3.2 Subjekt und Prädikat – die Basis eines Satzes

1

Prädikat

Beim Prädikat handelt es sich um die sogenannte Satzaussage. Es drückt aus, was geschieht oder getan wird. Damit macht das Prädikat eine Aussage über das Subjekt.
Das Prädikat besteht aus einem **Verb in einer flektierten Form.** Bei **reflexiven Verben** gehört das Wörtchen **sich (oder: mich, dich uns)** mit zum Prädikat.

Manchmal besteht das Prädikat aus zwei Teilen. Dies nennt man dann eine Prädikatklammer. Sie entsteht bei Verben mit trennbarer Vorsilbe **(Präfix)** oder bei der Verwendung von **Modalverben.**

Prädikat und Subjekt stimmen in **Person** und **Numerus** überein.

Zur Wiederholung:
Die Personalform des Verbs steht
- beim Aussagesatz an 2. Stelle,
- im Aufforderungssatz an 1. Stelle,
- bei der Entscheidungsfrage an 1. Stelle

und bei der Ergänzungsfrage an 2. Stelle.
In Gliedsätzen steht die Personalform des Verbs zumeist an letzter Stelle.

Es gibt keinen Satz ohne Prädikat, damit ist es nicht ersetzbar.
Es gibt Frühlingsgefühle und Frühlingsmüdigkeit.
Mit Frühlingsgefühlen fühlt man sich heiter.
Das wird immer wieder anders sein.

2

1. Unterstreiche alle Prädikate.

In sehr vielen Kulturen finden Feierlichkeiten zur Begrüßung des Frühlings statt. Oftmals heißen sie Frühlingsfest. Wegen des milderen Wetters sind diese besonders in den gemäßigten Klimaregionen verbreitet. Auch bei den Osterbräuchen finden sich Frühlingselemente. Diese symbolisieren die mit dem Wiedererwachen der Natur verbundene

Fruchtbarkeit. Das bekannteste Bild dafür ist der Osterhase. Noch deutlicher wird dieser Zusammenhang in den Ostereiern verdeutlicht.

2. Formuliere aus den Schlagzeilen richtige Sätze.

a) Juhu – endlich Frühling

....

b) Sonnenschein – Glücklichsein

....

c) Nach dunklen Tagen raus ans Licht

....

d) Eisdielen geöffnet

....

e) Volle Fußgängerzonen

....

3 TEST

Unterstreiche alle Prädikate und zeichne jeweils einen Kasten um die Personalform des Verbs.

Im Frühling wird als „fünfte Jahreszeit“ in vielen Regionen Fasching gefeiert. Dieser Brauch nennt sich mancherorts auch Karneval oder Fastnacht. In der Zeit vor dem christlichen Fest Aschermittwoch wird mit großer Lebensfreude gefeiert. Das ist mit großer Ausgelassenheit und Fröhlichkeit verbunden. Übertreiben es da manche Menschen? Passt mal besser auf! Alle feiern gerne. Das ist auch jedem gegönnt. Nur muss selbst dieser Spaß auch einmal enden. Faschingsbräuche haben je nach Region spezielle Eigenarten. Das verbindet sich oft mit einer Kritik an den Mächtigen. Dennoch ist hier viel Liebe zur Heimat enthalten. Findest du das alles gut? Entscheide selbst!

Satzglieder

1 Subjekt

Beim **Subjekt** handelt es sich um den sogenannten **Satzgegenstand**. Es ist der Träger der Handlung oder des Geschehens und drückt aus, **wer** oder **was** etwas ist oder macht sowie das, was geschieht.
Das Subjekt besteht zumeist aus einem **Nomen**, oft **mit Artikel**, oder einem **Pronomen**. Es ist ersetzbar durch einen Subjektsatz, sehr oft mit der Konjunktion **dass** eingeleitet.
Die Hilfsfrage lautet: **Wer? Was?**
Das Subjekt steht immer im **Nominativ** (= 1. Fall).
Zu einem Satz gehört immer ein **Prädikat** und ein **Subjekt**, sie sind eng verbunden und stimmen in **Person** und **Numerus** überein.

Der Frühling kommt mit großem Vogelgezwitscher.
Endlich kommt der Frühling.
Dass die Vögel zwitschern, ist ein Zeichen für den Frühling.
Es wird aber auch Zeit.

Tipp:
Indem du alle Wörter weglässt (Weglassprobe), die nicht zum Prädikat und nicht zum Subjekt gehören, kannst du feststellen, was für den Satz absolut nötig ist.

2

1. ***Streiche alle Wörter, die nicht zum Subjekt und nicht zum Prädikat gehören. Schreibe die nun entstehenden kürzeren Sätze auf.***

a) Im Frühling öffnen sich die Knospen.

....

b) Wenn der Schnee getaut ist, erwacht die Natur.

....

c) Weil sie wieder draußen spielen können, freuen sich besonders die Kinder.

....

2. Unterstreiche jeweils das Subjekt.

a) Bei manchen Gelegenheiten taucht auch das Wort Frühjahr auf.
b) Dass der Frühling eine von vier Jahreszeiten ist, muss nicht erklärt werden.
c) Das ist jedem Kind bekannt.
d) Er gilt als die Zeit der erwachenden Natur.

Unterstreiche die Subjekte und fülle die Lücken mit den entsprechenden Personalformen der Prädikate.

3 TEST

Wohl mit der steigenden Helligkeit im Frühling .... (verbessern) sich das allgemeine Befinden der Menschen. Dies .... (bewirken) oft eine bessere Laune. Auch .... (sein) der Wunsch nach trauter Zweisamkeit dann bei vielen Menschen größer. Dies .... (liegen) an der verstärkten Ausschüttung von Hormonen. Zumindest .... (behaupten) das manche Menschen. Einen wissenschaftlichen Beweis .... (erbringen) dafür noch niemand. Möglicherweise .... (entstehen) diese Frühlingsgefühle eher wegen der leichteren Kleidung der Menschen. Diese .... (wirken) natürlich sehr reizend auf andere Personen. Manche Menschen .... (fühlen) dagegen eine Frühlingsmüdigkeit. Ein Grund .... (sein) das Schlafhormon Melatonin. Dieses .... (beeinflussen) uns noch sehr stark. Auch hierbei .... (wissen) niemand die genaue Ursache.

3.3 Die Objekte

1

Akkusativobjekt

Beim Akkusativobjekt handelt es sich um die Satzergänzung im 4. Fall. Es legt dar, **wen** oder **was** eine Handlung oder ein Geschehen betrifft.

Das Akkusativobjekt besteht zumeist aus einem **Nomen, mit Artikel und einem oder mehreren Attributen,** oder einem **Pronomen**. Es ist ersetzbar durch einen **Objektsatz** oder durch eine **Infinitivkonstruktion mit zu.** Der Objektsatz wird oft mit der Konjunktion **dass** eingeleitet.
Die Hilfsfrage lautet: Wen? Was?

Im Sommer besuchen wir den Badesee.
Den Badesee besuchen wir im Sommer.
Wir besuchen im Sommer den Badesee.
Wir besuchen den Badesee im Sommer.

Wir verabreden einen Badeseebesuch.
Wir verabreden, dass wir einen Badesee besuchen.
Wir verabreden, den Badesee zu besuchen.

Tipp:
Je nach Stellung im Satz wird jedes Objekt besonders betont. Es kann, egal ob Akkusativ-, Dativ- oder Präpositionalobjekt, am Satzanfang, am Satzende oder beim Verb stehen.

2

1. Unterstreiche jeweils das Akkusativobjekt.

a) Den Sommer lieben alle Kinder.
b) Manchmal findet man ihn allerdings zu heiß.
c) Dann machen sie aus, ins Schwimmbad zu gehen.
d) Sie vermissen dann nicht, dass sie keinen Sommerurlaub in Italien haben.
e) Der Sommer erfreut sie auch daheim.

2. Verschiebe das Akkusativobjekt in weitere mögliche Positionen im Satz. Unterstreiche es jeweils. Schreibe in dein Heft.

a) Im Sommer genießen wir den Urlaub.
b) Wenn das Eis schmeckt, loben wir den Eisdielenverkäufer.
c) Den größten Spaß haben die Kinder im Schwimmbad.
d) Ein milder Abend beendet den langen Tag.

3. Ersetze das Akkusativobjekt durch einen Objektsatz und dann durch eine Infinitivkonstruktion mit „zu". Schreibe in dein Heft.

a) Es erfreut uns das abendliche Grillen.
b) Das warme Wetter ermöglicht ein langes Aufbleiben.
c) Der leckere Duft bewirkt einen Bärenhunger.
d) Jedes Mal verabreden wir ein neues Treffen.

3 TEST

Formuliere die Hilfsfrage, die das Akkusativobjekt des Satzes zur Antwort hat.

a) Eine Hitzewelle fürchten gerade ältere Leute.

....

b) Der Kreislauf beginnt, Schwierigkeiten zu machen.

....

c) Trotzdem lieben wir den Sommer.

....

d) Er ermöglicht uns, viel Spaß zu haben.

....

e) Wir glauben, dass der Sommer die tollste Jahreszeit ist.

....

Satzglieder

1

Dativobjekt

Beim **Dativobjekt** handelt es sich um die **Satzergänzung im 3. Fall**. Es legt dar, wem etwas gilt bzw. gleicht oder zugedacht ist.
Das Dativobjekt besteht zumeist aus einem **Nomen** – oft **mit Artikel und einem oder mehreren Attributen** – oder einem **Pronomen.**
Die Hilfsfrage lautet: **Wem?**

> **Im Herbst sehen die Wälder bunten Teppichen ähnlich.**
> **Manchen Bäumen fehlen allerdings schon alle Blätter.**

2

1. ***Unterstreiche jeweils das Dativobjekt.***

a) Das Kind schenkt seiner Mutter ein paar Eicheln.
b) Die Tannenzapfen gleichen lustigen kleinen Figuren.
c) Noch ähnelt der Wald einem lustigen Tierpark.
d) Die Tiere rufen ihren Partnern fröhliche Laute zu.

2. ***Fülle die Lücken, indem du das richtig formulierte Dativobjekt einsetzt. Verwende dafür den Begriff in Klammern.***

Das Wort *Herbst* und das englische Wort *harvest* sind verwandt. Sie entspringen .... (dieselbe Sprachwurzel). Letzteres entspricht .... (die Erntezeit). .... (die Menschen) bedeutete der Herbst, dass die Zeit der Ernte gekommen war. .... (das Deutsche) fehlt also die klare landwirtschaftliche Bedeutung. .... (das Englische) ist sie erhalten. Auf der Nordhalbkugel werden .... (der Herbst) ungefähr die Monate September, Oktober und November zugeordnet. .... (der Volksmund) wird folgendes Sprichwort zugeschrieben: „Wer im Frühling nicht sät, ... (der) kann der Herbst keine Ernte

bescheren."

3. Stelle den Satz so um, dass das Dativobjekt an erster Stelle im Satz steht. Schreibe in dein Heft.

a) Das Rehkitz schenkt seiner Mutter ein fröhliches Lächeln.

b) Es ähnelt dem süßen Filmbambi.

c) Gerne könnte es den Kindern als Kuscheltier dienen.

Formuliere die Hilfsfrage, die das Dativobjekt des Satzes zur Antwort hat.

3 TEST

a) Dem Regen ist kein Entkommen.

....

b) Der abendliche heiße Tee gleicht einer wundersamen Erholung.

....

c) Manche würden dem nichts vorziehen.

....

d) Das heiße Bad danach fehlt dem perfekten Herbstabend nie.

....

e) Dem Herbst gilt mehr Aufmerksamkeit, als man so denkt.

....

f) Jeder Jahreszeit wohnt ihr eigener Charme inne.

....

g) Manchen Menschen sieht es ähnlich, nur auf den Sommer zu achten.

....

h) Ein großes Erlebnis und Naturschauspiel entgeht ihnen damit.

....

Satzglieder

1

Präpositionalobjekt

Beim **Präpositionalobjekt** handelt es sich um die **Satzergänzung mit einer Präposition**. Es legt dar, **für, durch** usw. **wem, wen** oder **was** etwas gemacht wird.
Das Präpositionalobjekt besteht aus einer **Präposition** mit einem **Nomen**, oft mit Artikel und **einem oder mehreren Attributen**, oder einem **Pronomen**. Es ist ersetzbar durch einen **Gliedsatz**, sehr oft eingeleitet durch **darüber, dass ...** oder **dafür, dass ...** usw.
Die Hilfsfrage lautet: **Präposition mit Wem? Wen? Was?**

Für die Kinder ist Schnee ein großer Spaß.

Neben dem Rodeln lieben die Kinder das Eislaufen.

Er sorgt für viel Bewegung.
Er sorgt dafür, dass viel Bewegung herrscht.

Wir freuen uns über den Winter.
Wir freuen uns darüber, dass der Winter da ist.

Tipp:
Präpositionalobjekt und adverbiale Bestimmung sind nicht immer einfach voneinander zu unterscheiden.

2

1. Unterstreiche jeweils das Präpositionalobjekt.

a) Die Kinder stehen den ganzen Tag auf Skiern.
b) Neben diesem Sport kommt auch das Rodeln nicht zu kurz.
c) Auf den Tannenwipfeln sieht man Lichter glitzern.
d) Unter den Kindern herrscht große Freude.
e) Sie fürchten sich nicht vor kalten Fingern.
f) Die viele Bewegung sorgt für innere Wärme.

Tipp:
Das Genitivobjekt ist die Satzergänzung im 2. Fall und kommt äußerst selten vor. Es wird häufig durch ein Präpositionalobjekt ersetzt:
*Sie erinnerten sich **eines tollen Winters**.*
*Sie erinnerten sich **an einen tollen Winter**.*

2. Unterstreiche die Genitivobjekte und ersetze sie in der folgenden Zeile durch Präpositionalobjekte.

a) Die Eltern erfreuten sich ihrer Kinder.

....

b) Die Kinder rühmen sich ihrer Schlittenfahrkünste.

....

c) Manche Eltern schämen sich ihrer Ängstlichkeit.

....

d) Aber dann erinnern sie sich ihrer eigenen wilden Jugendzeit.

....

3. Setze passende Präpositionalobjekte in die Textlücken ein. Verwende dazu die in Klammern angegebenen Begriffe.

.... (viele Schriftsteller) bekommt der Winter ein interessantes Gesicht. Das ist .... (die Kinder) sehr interessant. .... (dieser Spaß) können sie aber auch ganz real Freude haben. .... (das Herumtollen) wird die Gesundheit gestärkt. .... (das Herz-Kreislauf-System) ist das ideal. Zudem gibt es .... (die Kleinen) weniger Streit. Sie fürchten sich nicht .... (große Anstrengung) und fallen abends kaputt, aber glücklich, ins Bett. Wenn es ihn nicht gäbe, sollte der Winter .... (die Kinder) erfunden werden.

Satzglieder

4. Unterstreiche jeweils das Präpositionalobjekt. Formuliere die Hilfsfrage, mit der das Präpositionalobjekt ermittelt werden kann.

a) Eskimos fürchten sich nicht vor langen Nächten.

....

b) Sie warten auf den Frühling.

....

c) Unter ihnen gibt es viele Fischer.

....

d) Sie freuen sich auf jeden Besuch.

....

e) Für ihre Gastfreundschaft sind die Eskimos sehr bekannt.

....

5. Unterstreiche jeweils das Prädikat. Bestimme dann die übrigen Satzglieder und kennzeichne sie nach dem vorgegebenen Muster.

a) Die Landschaft liegt unter einer Schneedecke.

Subjekt PräpObj.

b) Eichhörnchen sammeln ihr Futter.

....

c) Manche Pflanzen verdanken dem Schnee ihr Überleben.

....

d) Er deckt ihre Wurzeln zu.

....

e) Sie überleben den Winter.

....

f) Wir warten auf das Frühlingserwachen.

....

3 TEST

Bestimme und unterstreiche alle Prädikate, Subjekte und Objekte. Kennzeichne sie in der dafür vorgesehenen Zeile.

Skifahren erfreut viele Kinder. Dieser Sport sorgt für Fitness.

....

Ohne große Übertreibung dient er der Gesundheit.

....

Unter zu großen Belastungen können die Gelenke leiden.

....

Jeder Sport kann dem Menschen nutzen.

....

Die Aufgabe besteht in der richtigen Dosierung.

....

Der Leichtsinn mancher Jugendlicher kann zu Gefahren führen.

....

Allzu wildes Herumtoben missfällt vielen Eltern. Sie haben Angst.

....

Den Spaß will keiner den Jugendlichen rauben.

....

Auf ihre Sicherheit sollen sie achten!

....

Satzglieder

1

Prädikatsnomen

Das Prädikatsnomen wird auch Prädikativ genannt. Es legt dar, dass etwas etwas **wird, bleibt** oder **ist.**
Es ist eine Ergänzung der Verben **sein, werden** und **bleiben.** Dazu kommen u. a. **sich erweisen als, heißen, nennen.**

Das Prädikatsnomen als **Subjektprädikativ** kann wie folgt erscheinen:

Gleichsetzungs-nominativ	**Das Meerwasser ist Salzwasser.**
prädikatives Adjektiv	**Die Sicht ist gut.**
Prädikativsatz	**Schön ist, dass wir gemeinsam zur See fahren.**

Wenn ein Objekt durch ein Prädikativ näher beschrieben wird, nennt man das ein **Objektprädikativ,** hier im Gleichsetzungsakkusativ:

Ich nenne dich einen Seefahrer.

Das Objektprädikativ wird selten verwendet.

2

1. Unterstreiche das Prädikatsnomen.

Die See ist gefährlich. Diese Gefahr heißt Tod durch Ertrinken. Trotz aller Technik bleibt das Meer ein Gefahrenherd. Über viele Jahrhunderte war die See eine Herausforderung. Generationen von Küstenbewohnern erwies sich das Meer als Quelle des Unheils wie des Reichtums. Die Fischerei war Lebensgrundlage. Sie ernährte den Menschen. Gut ist aber auch, dass Handel getrieben werden konnte. Zur Not wichen Generationen von Küstenbewohnern in die Piraterie aus. Das ist und war illegal. Nichtsdestotrotz erwies es sich als Möglichkeit des Überlebens. In der Not nennt man sich lieber einen Piraten, als zu verhungern. Das ist Schicksal.

2. Unterstreiche das Prädikatsnomen und benenne die vorliegende Art des Prädikatsnomens.

a) Das Wetter wird heute schön. ....
b) Gut ist, dass wir einen Schiffsausflug machen. ....
c) Das Meer ist mein Freund. ....
d) Das Gefühl an Bord ist unbeschreiblich. ....
e) Der Kapitän ist stolz. ....
f) Die Schifffahrt bleibt sein Lebenstraum. ....

3. Stelle den Satz so um, dass das Prädikatsnomen an erster Stelle steht. Was fällt dir auf? Schreibe in dein Heft.

a) Das Wetter wird heute schön.
b) Gut ist, dass wir einen Schiffsausflug machen.
c) Das Meer ist mein Freund.
d) Das Gefühl an Bord ist unbeschreiblich.
e) Der Kapitän ist stolz.
f) Die Schifffahrt bleibt sein Lebenstraum.

Streiche die Sätze durch, die kein Prädikatsnomen enthalten.

3 TEST

a) Das Wetter wird heute schön.
b) Gut ist, dass wir einen Schiffsausflug machen.
c) Das Meer erfreut meinen Freund.
d) Das Gefühl an Bord ist unbeschreiblich.
e) Der Kapitän behält seinen Stolz.
f) Die Schifffahrt bleibt sein Lebenstraum.
g) Gesund ist, dass er viel an der frischen Luft arbeiten kann.
h) Schade findet er den weiten Weg von zu Hause.
i) Die Gesamtbilanz ist für ihn aber positiv.

3.4 *Sonstige Satzglieder*

1

Adverbiale Bestimmung

Die adverbiale Bestimmung wird auch Umstandsbestimmung genannt. Sie legt die Umstände eines Geschehens dar: **Ort, Zeit, Art und Weise** sowie **Grund.**
Sie erscheint in sehr unterschiedlichen Formen. Die Hilfsfrage erleichtert die Benennung einer adverbialen Bestimmung.

Wo? Wohin? Woher?	adverbiale Bestimmung zum Ort (lokal)	Auf dem Bauernhof rennen die Hühner durcheinander.
Wann? Seit wann? Wie lange?	adverbiale Bestimmung zur Zeit (temporal)	Am frühen Morgen rennen die Hühner durcheinander.
Wie? Auf welche Weise?	adverbiale Bestimmung der Art und Weise (modal)	Viel zu schnell rennen die Hühner durcheinander.
Warum? Weshalb?	adverbiale Bestimmung zum Grund (kausal)	Wegen der bevorstehenden Fütterung rennen die Hühner durcheinander.

Die adverbiale Bestimmung ist ersetzbar durch einen **Adverbialsatz,** der durch Konjunktionen eingeleitet und deshalb manchmal auch **Konjunktionalsatz** genannt wird.

Wegen der Versorgung der Tiere sind Landwirte früh auf dem Hof.
Weil sie die Tiere versorgen müssen, sind Landwirte früh auf dem Hof.

Ebenso können ein **satzwertiges Partizip** oder ein **satzwertiger Infinitiv,** eingeleitet etwa durch **um zu, ohne zu, anstatt zu,** die adverbiale Bestimmung ersetzen.

Die Tiere versorgend sind Landwirte früh auf dem Hof.
Um die Tiere zu versorgen, sind Landwirte früh auf dem Hof.

Dazu kommen nicht eingeleitete Sätze vor dem Hauptsatz, an deren Stelle auch ein **wenn-Satz** verwendet werden könnte.

Versorgen sie Tiere, sind Landwirte früh auf dem Hof.
Wenn sie die Tiere versorgen müssen, sind Landwirte früh auf dem Hof.

Tipp:
Zur Erinnerung: Präpositionalobjekt und adverbiale Bestimmung sind nicht immer einfach voneinander zu unterscheiden.

1. Um welche Art der adverbialen Bestimmung handelt es sich bei den unterstrichenen Satzgliedern? 2

a) Tier müssen <u>zuverlässig</u> gefüttert werden. ....

b) <u>Am Morgen</u> gibt es die erste Mahlzeit. ....

c) Dann werden die Tiere <u>auf die Weide</u> getrieben. ....

d) Dann stehen sie <u>dort</u>. ....

e) <u>Wegen des möglichen Auslaufs</u> sind die meisten Tiere gerne draußen. ....

2. Unterstreiche die adverbialen Bestimmungen der folgenden Sätze und benenne sie.

a) Gerne gehen die Kinder mit. ....

b) Vormittags genießen sie die frische Luft. ....

c) Gras wächst auf der Wiese. ....

d) Wegen der schönen Natur freuen sich die Kinder. ....

e) Der Tag vergeht viel zu schnell. ....

3. Ersetze die unterstrichenen Satzteile durch passende adverbiale Bestimmungen.

a) <u>Weil sie viele Formulare ausfüllen</u>, arbeiten Landwirte auch am Computer.

....

b) <u>Um Informationen zu beschaffen</u>, recherchieren sie im Internet.

....

c) Leise tuckernd fahren moderne Trecker über den Acker.

....

d) Diese Maschinen können arbeiten, ohne übel zu stinken.

....

e) Betrachtet man die heutige Zeit, ist die Landwirtschaft eine recht moderne Branche.

....

f) Dies ist bemerkenswert, wenn man frühere Zeiten berücksichtigt.

....

g) Anstatt überwiegend körperlich zu arbeiten, ist heute viel mehr verlangt.

....

h) Landwirt ist ein moderner Beruf, weil er Vielseitigkeit erfordert.

....

4. Formuliere eine Hilfsfrage, mit der du die unterstrichene adverbiale Bestimmung erfragen kannst. Benenne dann die Art der adverbialen Bestimmung. Schreibe in dein Heft.

a) Landwirte pflegen die Kulturlandschaft in ihrer Region.
b) Dies machen sie seit vielen Jahrhunderten.
c) Wegen der Nahrungsmittelherstellung sind sie ebenso wichtig.
d) Dies vergessen manche Menschen viel zu schnell.
e) Viele Menschen verbringen ihren Urlaub auf dem Bauernhof.
f) Dies gilt seit einigen Jahren als zweites wirtschaftliches Standbein der Landwirtschaft.

5. Stelle den Satz so um, dass die unterstrichene adverbiale Bestimmung an erster Stelle steht. Schreibe in dein Heft.

a) Die Bauern sind wichtige Menschen <u>in ihrem Ort</u>.
b) Dies gilt <u>seit scheinbar ewigen Zeiten</u>.
c) In Krisenzeiten überleben die Dorfbewohner <u>leichter mit ihrer Hilfe</u>.
d) Das vergisst niemand <u>so schnell</u>.
e) Dies begründet <u>schon immer</u> die besondere Stellung der Bauern.

3 TEST

Setze passende adverbiale Bestimmungen in die Textlücken ein. Verwende dazu die in Klammern angegebenen Begriffe.

.... (seine vielen Bedeutungen) ist *Bauer* ein häufig verwendeter Begriff. Er bezeichnet .... (Allgemeines) einen Landwirt. Beim Schach ist er .... (seine geringe Reichweite) die schwächste Figur. Er ist .... (leicht) hinauszuwerfen. .... (verschiedene Gegenden) wird eine Spielkartenfigur auch *Bube* oder eben *Bauer* genannt. .... (ewige Zeiten) ist *Bauer* ein häufiger Nachname .... (Deutschland). *Bauer*, Seine Deftigkeit, ist zudem eine Karnevalsfigur aus dem Kölner Dreigestirn. Man sieht .... (diese Stelle), dass *Bauer* ein wirklich oft verwendeter Begriff im Deutschen ist.

1

Attribut

Das **Attribut** bestimmt ein Bezugswort, Nomen oder Pronomen, näher. Es kann vor oder nach diesem stehen. Das Attribut ist **kein eigenes Satzglied,** sondern Teil eines Satzgliedes. Bei der **Umstellprobe** kann es nur gemeinsam mit dem Bezugswort verschoben werden. Manchmal nennt man dies ein Satzglied zweiter Ordnung.

Attribute treten in vielen verschiedenen Formen auf. Es kommen vor:

Adjektive	Der **kalte** Wind peitscht das Meer auf.
adjektivisch gebrauchte Partizipien	Die **frierenden** Matrosen stehen an der Reling.
Pronomen	**Unser** Schiff kehrt bald in den Hafen zurück.
Zahlwörter	Die Rückfahrt dauert **zwei** Stunden.
Nomen im Genitiv	Das Licht **des Leuchtturms** weist den Weg.
Nomen mit Präposition	Das Wasser **im Hafenbecken** verhält sich ruhig.

2

1. **Mache die Umstellprobe. Versuche dabei, das unterstrichene Attribut allein zu verschieben.**

a) Auf dem Wasser sieht man weiße Schaumkronen.
b) Der Sandstrand ist der Treffpunkt der Dorfjugendlichen.
c) Hier feiern sie gegen Abend ausgelassene Feste.
d) Sie zünden ein großes Lagerfeuer an.

2. **Häufig werden Schlagzeilen oder Werbeslogans mit Aufmerksamkeit erregenden Attributen versehen. Finde derartige Formulierungen, indem du die genannten Nomen mit Attributen versiehst.**

a) Rundfahrten ....

b) Seehunde ....

c) Sonnenuntergang ....

d) Tauchgang ....

e) Abenteuer ....

f) Fische ....

g) Essen ....

3. Bestimme, mit welchen Wortarten die unterstrichenen Attribute gebildet worden sind.

a) <u>Frischer</u> Fisch ist eine Köstlichkeit. ....

b) Allerdings sieht man auch <u>rümpfende</u> Nasen. ....

c) Der Geruch <u>des Tieres</u> ist nicht aller Leute Sache. ....

d) Leider entgeht ihnen auch ein <u>großer</u> Genuss. ....

e) <u>Unsere</u> Geschmäcker sind verschieden. ....

f) Sonst wäre das Leben <u>zehn</u> Mal langweiliger. ....

g) Das ist auch nicht der Wille <u>der Menschen</u>. ....

4. Umrahme die Attribute und mache mit Pfeilen ihr Bezugswort deutlich.

Der Name des Atlantiks hängt mit dem griechischen Atlas zusammen. Dieser Titan stützte das Gewölbe des Himmels an der westlichen Seite. Im Westen Gibraltars war aus griechischer Sicht auch das Ende ihrer Welt. Zur Ehre des Atlas wurde das hier beginnende Meer Atlantik genannt. Er befindet sich im Westen unserer üblichen Kartendarstellungen. Im Norden begrenzt ihn die kalte Arktis, im Nordosten unser Europa, im Südosten das heiße Afrika und im Westen das langgezogene Amerika.

Der Atlantik fasst ein Wasservolumen von unglaublichen 354,7 Millionen Kubikkilometern. Die tiefste Stelle wäre der höchste Berg der Erde, wenn er sich über dem Festland erhöbe. Sie ist 9.219 Meter tief. Der Atlantik ist das verkehrsreichste Meer. Dies liegt auch am regen Transitverkehr zwischen Europa und Amerika. Der Golfstrom erstreckt sich von der Karibik bis Grönland und sorgt für unser mildes Klima.

5. Lies dir folgenden Text durch. Streiche dann alle Attribute durch und lies den Text erneut. Formuliere in den freien Zeilen, wie der neue Text auf dich wirkt.

Jedes noch so kleine Kind kennt die gefährlichen Haie. Die bekannteste Art dürfte der weiße Hai sein. Spätestens seit dem spannenden Thriller „Der weiße Hai" des genialen Regisseurs Steven Spielberg läuft einem ein gruseliger Schauer den Rücken hinunter, kommt die erregte Rede auf dieses vermeintlich mordlustige Tier. Haie fressen andere Fische oder auch größere Meerestiere. Im Jahr sterben durchschnittlich zehn Menschen an den Folgen von Haiangriffen. Dennoch gelten diese als mordlüsterne, kaltblütige Killer. Das hängt sicher mit den vielen klischeehaften Vorstellungen zusammen. In Wahrheit ist der Hai durch die übermäßige Befischung im Bestand gefährdet. Der gefährlichste Killer in der Natur ist eben der gierige und unersättliche Mensch. Dessen Verbrauch an Mitgeschöpfen schafft kein anderes Tier.

Wirkung des Textes nach den Streichungen der Attribute:

....

....

....

3 TEST

Fülle die Lücken mit anschaulichen Attributen.

Wir unternahmen eine Wattwanderung zur Insel Neuwerk. Dazu kann man einen mit Reisigsträuchern gekennzeichneten Weg gehen. Für die Rückkehr stehen auch .... Wagen zur Verfügung. Das Watt ist sehr glitschig, und überall ragen .... Muscheln aus dem .... Boden. Ab und zu wird der Weg durch .... Priele unterbrochen, in denen auch bei Ebbe .... Wasser steht. Schon auf dem Hinweg fragten wir uns, wozu wohl die rot-weiß gestreiften Rettungsinselchen gut sein könnten. Bis zum .... Horizont war kein Meerwasser zu sehen. Nach dem .... Aufenthalt auf der Insel trödelten wir noch herum. Dann aber verfärbte sich der strahlend .... Himmel. .... Wolken zogen auf. Die Sonne verschwand hinter einer .... Wand. Nur noch .... Wattwagen standen dar. Wir waren glücklich, dass wir noch einen bekommen konnten. Der Fahrer trieb seine .... Pferde beständig an. Durch den ersten Priel kamen wir noch .... Fußes, der nächste war schon so vollgelaufen, dass sich die Pferde weigerten. Aber mit .... Zureden schaffte es der .... Kutscher, seine .... Viecher vom .... Weitergehen zu überzeugen. Dann ging es los: Schlagartig prasselte eine .... Wasserflut herab. Binnen .... Sekunden waren wir klatschnass. Das Meereswasser stieg in einer .... Geschwindigkeit. Jetzt wurde es durch Regen und Flut bedrohlich.

Satzglieder

1 Attribut – Ersatzformen

Das Attribut ist durch verschiedene grammatische Konstruktionen ersetzbar:

Wir freuen uns über den wunderschönen Sonnenuntergang und schlendern die Strandpromenade entlang.

Der Relativsatz ist ein **Attributsatz**, der üblicherweise durch ein Relativpronomen eingeleitet wird.

Wir lieben den Sonnenuntergang, der wunderschön ist, und schlendern die Strandpromenade entlang.

Die Parenthese ist ein **nachgestellter Hauptsatz**, der durch Gedankenstriche abgetrennt wird.

Wir lieben den Sonnenuntergang – er ist wunderschön – und schlendern die Strandpromenade entlang.

Eine Apposition ist eine **Beistellung**, die mit Kommas abgetrennt wird und **im gleichen Fall** wie das Bezugswort steht.

Wir lieben den Sonnenuntergang, den Höhepunkt der Schönheit, und schlendern die Strandpromenade entlang.

Tipp:
Zur stilistischen Abwechslung lassen sich bei den Relativsätzen auch je nach Zusammenhang die Relativpronomen durch ***welcher, welche, welches*** *ersetzen.*

2

1. Unterstreiche die Relativsätze.

Der Pazifik, der eigentlich Pazifischer oder manchmal Stiller Ozean genannt wird, ist das größte Meer der Erde. Seine Fläche, die knapp 182 Millionen Quadratkilometer beträgt, entwickelt sich zwischen der Arktis im Norden und der Antarktis im Süden. Der Kontinent Amerika grenzt das Meer im Osten ab. Im Westen liegen Australien und Ozeanien als geographischer Rahmen dieses Meeres, das rund 35 Prozent der gesamten Erdoberfläche bedeckt. Dieser größte Ozean, der mehr als die Gesamtfläche allen Festlands umfasst, macht die Hälfte der

Meeresfläche der Erde aus. Das Volumen beträgt knapp 715 Millionen Kubikkilometer Wasser, welche mehr als der Hälfte allen Wassers auf der Erde entsprechen. Die Tiefe, die mit durchschnittlich etwa 4000 Metern angegeben wird, ist an der extremen Stelle im Pazifik bei über 11.000 Metern unter der Meeresoberfläche. Der große Entdecker und Seefahrer Ferdinand Magellan nannte das Meer, das so ruhig hinter Kap Hoorn lag, pazifisch, welches *friedlich* bedeutet. Dieses Wort stammt von *pacificus* aus dem Lateinischen ab. Allerdings gibt es hier trotzdem auch heftige Stürme, die *Taifun* oder *Hurrikan* heißen.

2. Wandle die unterstrichenen Attribute in Relativsätze um. Schreibe in dein Heft.

a) Der Indische Ozean ist das flächenmäßig drittgrößte Meer dieser Erde.
b) Er liegt zwischen Afrika, Asien und dem kleinsten Kontinent Australien.
c) Der bedeutendste und flächenmäßig umfassendste Teil dieses Ozeans liegt auf der Südhalbkugel.
d) Dieses ist ein Gegensatz zu den ungefähr gleichmäßig auf beide Halbkugeln aufgeteilten Atlantik und Pazifik.
e) Das Arabische Meer ist ein recht bekanntes Nebenmeer.
f) Indonesien ist eine politisch eigenständige Inselgruppe im Indischen Ozean.
g) Ebenso gilt dies für die Inseln Madagaskar und den von inneren Konflikten geplagten Staat Sri Lanka.

3. Verkürze die Sätze, indem du die unterstrichenen Relativsätze in Attribute umformst. Schreibe in dein Heft.

a) Der Arktische Ozean, der auch Nordpolarmeer genannt wird, gilt als Weltmeer.
b) Dieser Ozean, der als der kleinste gilt, liegt in der Arktis.
c) Allerdings sehen ihn manche nur als den Teil des Atlantiks an, der im Norden liegt.

d) Die Teile der Arktis, die Ländern zugeordnet werden können, sind umstritten.
e) Dies hängt mit Grenzen, die unklar gezogen worden sind, zusammen.
f) Auch lassen Rohstoffvorkommen, die vermutet werden, Begehrlichkeiten wachsen.
g) Der Arktische Ozean, der stark vereist ist, wird nur drei bis fünf Monate im Jahr für die Schifffahrt genutzt.
h) Russland unterhält eine Atomeisbrecherflotte, die für diese Zwecke eingerichtet worden ist.

4. Verbinde die beiden Sätze, indem du den zweiten als Apposition in den ersten einfügst. Schreibe in dein Heft.

a) Das Surfen ist mit dem Wellenreiten verwandt. Das Surfen ist eine der heutigen Trendsportarten.
b) Junge Leute lieben besonders den Rausch der Geschwindigkeit. Geschwindigkeit gibt den absoluten Kick.
c) Es wird in den Beinen Muskelaufbau betrieben. Dies bedeutet Kraft für den Körper.
d) Auch den Armen wird Gutes getan. Sie sind unsere täglichen Helfer.
e) Das Surfen liegt also ganz im Trend der Zeit. Es ist die universale Körperschulung.

5. Verbinde jeweils die beiden Sätze aus Aufgabe 4, indem du den zweiten als eine Parenthese in den ersten einfügst. Schreibe in dein Heft.

6. Verbinde jeweils die beiden Sätze aus Aufgabe 4, indem du den zweiten als einen Relativsatz in den ersten einfügst. Schreibe in dein Heft.

3 TEST

Unterstreiche alle Attribute und ihre verschiedenen grammatischen Ersatzformen.

Bei einem Schiff – das nicht mit einem Boot gleichzusetzen ist – handelt es sich um ein Wasserfahrzeug, welches größeren Umfangs ist. Das Schiff hat den eigenen Antrieb, der dem Floß fehlt. Das Wort *Boot* wird für kleinere Wasserfahrzeuge verwendet. Einem Schiff, dem manchmal so gesehenen Inbegriff der Romantik, wird große Freiheit zugeordnet. Sie werden in Anlagen, die man Werften nennt, gebaut. Nach Fertigstellung des Rumpfes kommt es zum oft spektakulären Stapellauf. Hier schließt sich eine erste Fahrt an, die von den Seeleuten und Schiffsbauern *Jungfernfahrt* genannt wird. Mit Schiffen werden wichtige Güter transportiert. Sie sind das bedeutendste Mittel des globalen Handels. Für die Passagierschifffahrt – sie verliert an Bedeutung – ist mit dem Flugzeug große Konkurrenz entstanden. Heutzutage ist die Schifffahrt in dieser Hinsicht eher ein touristisches Erlebnis. Gerade Menschen höheren Alters lieben Kreuzfahrten, das Sinnbild entspannten Nichtstuns. Auch der Beruf des Matrosen wandelt sich. Die früher harte körperliche Arbeit wird mehr und mehr durch die vom Computer gesteuerten Tätigkeiten abgelöst. Dies gilt zumindest für die großen Transportschiffe, welche Container über alle Winkel der Weltmeere verteilen. Von wilder Seefahrerromantik bleibt da nichts übrig.

Kapitel 1: Wortarten

Seite 6 1. Der längste afrikanische Strom ist der Nil. Er entspringt oben in den Bergen Ostafrikas und fließt in das Mittelmeer.
Grundformen: der, lang, afrikanisch, Strom, sein, der, Nil, er, entspringen, der, Berg, Ostafrika, fließen, das, Mittelmeer

Seite 7 2. Hunefers kleine Schwestern Nefertari und Nephtys spielen lieber mit drei Holzlöwen. Diese hat ihr Vater für sie geschnitzt.

Test

Textwort	*Grundform*	*flektierte Form*	*Textwort*	*Grundform*	*flektierte Form*
schlecht	schlecht	schlechter	Datteln	Dattel	
konnte	können	kann	letztere	letzter	letzteres
Gegensatz	Gegensatz	Gegensätze	dienten	dienen	diene
Wüste	Wüste	Wüsten	den	der	des
Getreide	Getreide	Getreides	Bewohnern	Bewohner	Bewohners
Futter-pflanzen	Futter-pflanze		Nahrungs-grundlage	Nahrungs-grundlage	Nahrungs-grundlagen
anbauen	anbauen	angebaut	Hunefer	Hunefer	Hunefers
den	der	dem	seine	sein	seinem
Bäumen	Baum	Baumes	Schwestern	Schwester	
wuchsen	wachsen	wächst	konnten	können	kann
Feigen	Feige		diese	dieser	dieses
Granatäpfel	Granatapfel	Granat-apfels	Frucht	Frucht	Früchte
allem	alles	allen	leiden	leiden	litt

Auswertung zum Test:
Für jedes richtig erkannte Textwort einschließlich der dazugehörenden Grundform erhältst du einen Punkt. Die flektierte Form bleibt ohne Punktbewertung.
Von insgesamt 26 Punkten hast du .... Punkte erreicht.

Super!	In Ordnung!	Bitte noch einmal üben!
26 bis 21 Punkte	20 bis 14 Punkte	weniger als 14 Punkte

Seite 8 1. Der Nil schuf die Voraussetzung für die Entstehung der ägyptischen Hochkultur. Er führte regelmäßig fruchtbaren Schlamm mit, der sich bei den jährlich wiederkehrenden Überschwemmungen als Dünger auf den Feldern ablagerte.
Grundformen: schaffen, (mit sich) führen, wiederkehren, (sich) ablagern

Seite 9 2. An den Flussufern können die Ägypter die reichen Ernten einfahren.
Durch ausgeklügelte Bewässerungsanlagen werden auch von den Flüssen entfernte Felder fruchtbar.

3. Gleich nach der Ernte schleppt der Landarbeiter den Getreideertrag zum staatlichen Verladeplatz. Ein staatlicher Schreiber registriert genau, wohin welches Schiff welches Produkt transportiert.

Test
dunkelblau unterstrichen = deklinierbar
rot unterstrichen = konjugierbar
Oasen waren früher wichtige Versorgungsstellen für die Transportgemeinschaften der Fernhändler, den sogenannten Karawanen. An den seltenen Wasserstellen entstanden oft Handelsplätze der Nomaden und Oasenbauern. Dort wurde reger Tauschhandel praktiziert. Hunefer liebte es, wenn die Karawanenführer bis spät in die Nacht von ihren Abenteuern in fernen Ländern erzählten.

Auswertung zum Test:
Für jedes richtig unterstrichene Wort erhältst du einen Punkt. Für falsch unterstrichene musst du dir je einen Punkt abziehen.
Von insgesamt 37 Punkten hast du .... Punkte erreicht.

Super!	In Ordnung!	Bitte noch einmal üben!
37 bis 30 Punkte	29 bis 19 Punkte	weniger als 19 Punkte

Seite 10

1. Beispiellösung: „Buh!“, stöhnte Hunefer, weil es draußen so heiß war. Unter einem Dattelbaum fand er jedoch Schatten.

Test

konjugiert	*dekliniert*	*nicht flektierbar*
bezeichnen geben anschwellen mitbringen führen	der griechisch Geschichtsschreiber Herodot Ägypten ein Geschenk Nil es Fluss Wüste wenig kein Hochwasser dies Verlust die Ernte	als weil ohne in nur wenn aber zu und oft

Auswertung zum Test:
Für jedes richtig konjugierte Verb erhältst du einen Punkt.
Von insgesamt 32 Punkten hast du .... Punkte erreicht.

Super!	In Ordnung!	Bitte noch einmal üben!
32 bis 26 Punkte	25 bis 17 Punkte	weniger als 17 Punkte

Seite 12

1.

Handlungen	*Vorgänge*	*Zustände*
glauben	entstehen	weiterleben
bauen		wohnen
behängen		sein
füllen		

2. a) Ein Heer von Arbeitern hat die berühmtesten Pyramiden am Westufer des Nils bei Gizeh gebaut.
   b) Arbeiterheer, bau die berühmtesten Pyramiden am Westufer des Nils bei Gizeh!
   c) Die berühmtesten Pyramiden werden am Westufer des Nils bei Gizeh von einem Heer von Arbeitern gebaut werden.
   d) Die berühmtesten Pyramiden werden gerade am Westufer des Nils bei Gizeh von einem Heer von Arbeitern gebaut.

Seite 13

3. Zu unterstreichen waren: a) bienen; b) rosen; c) aufgaben; d) frauen; e) menschen; f) beamten

Test

Jede Pyramide ist/war das Grab eines Pharao. Das Bauwerk symbolisiert/symbolisierte Ruhm und Glanz seiner Herrschaft. Die kostbaren Grabbeigaben wurden zugleich vor Räubern geschützt. Du hast bestimmt schon einmal den Namen der größten Pyramide gehört. Ihr Erbauer heißt/hieß Cheops. Neben ihr werden auch in ferner Zukunft noch die Pyramiden seines Sohnes Chefren und seines Enkels Mykerinus stehen.

Auswertung zum Test:

Für jedes richtig konjugierte Verb erhältst du einen Punkt.

Von insgesamt fünf Punkten hast du .... Punkte erreicht.

Super!	In Ordnung!	Bitte noch einmal üben!
5 Punkte	4 Punkte	weniger als 4 Punkte

Seite 15

1

fliegen	***Sg.***	***Pl.***	***reden***	***Sg.***	***Pl.***
1. Pers.	ich fliege	wir fliegen	1. Pers.	ich rede	wir reden
2. Pers.	du fliegst	ihr fliegt	2. Pers.	du redest	ihr redet
3. Pers.	er/sie/es fliegt	sie fliegen	3. Pers.	er/sie/es redet	sie reden
fragen	***Sg.***	***Pl.***	***hüpfen***	***Sg.***	***Pl.***
1. Pers.	ich frage	wir fragen	1. Pers.	ich hüpfe	wir hüpfen
2. Pers.	du fragst	ihr fragt	2. Pers.	du hüpfst	ihr hüpft
3. Pers.	er/sie/es fragt	sie fragen	3. Pers.	er/sie/es hüpft	sie hüpfen

2. streitest – du streitest (2. Pers. Sg.)
   leugnen – wir leugnen (1. Pers. Pl.) – sie leugnen (3. Pers. Pl.)
   renne – ich renne (1. Pers. Sg.)
   malt – er/sie/es malt (3. Pers. Sg.) – ihr malt (2. Pers. Pl.)
   aushält (2. Pers. Sg.)
   denken – wir denken (1. Pers. Pl.) – sie denken (3. Pers. Pl.)

Test

Meine Eltern wollen (3. Pers. Pl.) unbedingt nach Ägypten fliegen. „Ich hasse (1. Pers. Sg.) Flugreisen“, nörgle ich. „Du weißt (2. Pers. Sg.) doch gar nicht, wie schön es dort ist (3. Pers. Sg.)“, schimpft (3. Pers. Sg.) Papa. „Du darfst (2. Pers. Sg.) auch auf einem Kamel reiten“, lockt (3. Pers. Sg.) mich meine Mutter. Genervt schlage (1. Pers. Sg.) ich vor: „Ihr könnt (2. Pers. Pl.) euch die Steintrümmer doch alleine anschauen.“ „Wir faulenzen (1. Pers. Pl.) jeden zweiten Tag am Strand, in Ordnung?“, verspricht (3. Pers. Sg.) Papa. Seltsam, jedes Mal lasse (1. Pers. Sg.) ich mich überzeugen.

Auswertung zum Test:

Für jedes richtig konjugierte Verb und dessen Bestimmung erhältst du einen Punkt.
Von insgesamt 12 Punkten hast du .... Punkte erreicht.

Super!	In Ordnung!	Bitte noch einmal üben!
12 bis 10 Punkte	9 bis 7 Punkte	weniger als 7 Punkte

Seite 17

1. -t: bittet, freut, ruft, antwortet, dankt
   -en: bitten, freuen, rufen, antworten, danken

2. Es fällt auf, dass bei bittet, freut usw. die 3. Pers. Sg. (er bittet) und die 2. Pers. Pl. (ihr bittet) jeweils gleich gebildet werden, und auch der Infinitiv, die 1. Pers. Pl. und die 3. Pers. Pl. werden gleich gebildet: bitten (Infinitiv), wir bitten (1. Pers. Pl.), sie bitten (3. Pers. Pl.).

3. a) allgemeingültige Aussage
   b) sich ständig wiederholender Vorgang
   c) aktuelles Geschehen
   d) zukünftiges Geschehen mit Zeitangabe
   e) historisches Präsens

4. a) Ich gehe in den Tempel.
   b) Er kommt aus Nubien am Obernil.
   c) Ihr lernt die Hieroglyphen.
   d) Du schreibst auf Papyrus.
   e) Sie zieht/ziehen durch die Wüste.
   f) Wir bauen ein Grabmal.
   g) Er und ich reiten um die Wette.

Seite 18

5. Um Papyrus herzustellen, schneidet ihr das Mark der Papyrusstängel in bis zu vier Zentimeter breite Streifen. Ihr legt diese leicht überlappend aneinander. Anschließend presst ihr zwei einander kreuzweise überlagernde Schichten dieser Streifen zu einem festen Blatt. Gleich darauf klopft ihr die Schichten mit einem glatten Stein zu-

sammen. Danach trocknet ihr die „Platte“, die von der Klebekraft des stärkehaltigen Pflanzensafts zusammengehalten wird. Endlich könnt ihr den Papyrus bemalen oder beschreiben. Viele dieser „Einzelplatten“ verklebt ihr zu ganzen Rollen.

6. Aus „sie“ wird „ihr“, und statt der Personalendung „-en“ muss „-t“ benutzt werden.

Seite 19

7. a) Der Bauer stellt das Bewässerungsrad ab.
   b) Der Pharao stellt ein neues Heer gegen die Assyrer auf.
   c) Hunefer verstellt seine Stimme beim Spiel mit seinen Schwestern.

Test

a) Die Ägypter tragen Kleidung aus Leinen. (3. Pers., Pl., Präs.)
b) Du wickelst den Stoff wie einen Rock um die Hüfte. (2. Pers., Sg., Präs.)
c) Ich habe bei der Arbeit nur einen Leinenschurz an. (1. Pers., Sg., Präs.)
d) Ihr schützt euch mit Tierfellen vor der Kälte. (2. Pers., Pl., Präs.)
e) Sie trägt ihre Schuhe aus Schilf auf. (3. Pers., Sg., Präs.)
f) Ägypterinnen schmücken sich gerne mit einem Fußring. (3. Pers., Pl., Präs.)
g) Wir benutzen einen Straußenfederfächer gegen die Hitze. (1. Pers., Pl., Präs.)
h) Das Haar kämmt ihr mit einem Elfenbeinkamm. (2. Pers., Pl., Präs.)
i) Hunefer isst viel Getreidebrei. (3. Pers., Sg., Präs.)
j) Meine Haut pflege ich mit Salben aus natürlichen Rohstoffen. (1. Pers., Sg., Präs.)
k) Wir schminken uns mithilfe eines Handspiegels. (1. Pers., Pl., Präs.)

Auswertung zum Test:
Für jede richtige Unterstreichung erhältst du einen Punkt, für jede richtige Bestimmung einen weiteren.
Von insgesamt 22 Punkten hast du .... Punkte erreicht.

Super!	In Ordnung!	Bitte noch einmal üben!
22 bis 19 Punkte	18 bis 12 Punkte	weniger als 12 Punkte

Seite 21

1. Die Steinblöcke für die Pyramiden werdeten in den Bergen westlich des Nils aus dem Fels geschlagen. Man fahrte sie Flößen den Nil hinab. Männer ziehten sie auf Schlitten und Holzwalzen zum Bauplatz. Aufgeschichtete Erde bildete dann die Rampe bis zur Spitze der Pyramide. Über 20 000 Menschen arbeiteten gleichzeitig am Bau, nicht Sklaven, sondern angesehene Bürger, Bauern, Handwerker, denn sie begreiften es als eine Ehre, am Bau mitzuhelfen. Die Arbeit reibte auf, da die Ägypter zu dieser Zeit weder Rad noch Flaschenzug kennten. Ein Meisterwerk war es auch, wie die Ägypter die vielen Arbeiter verköstigten.
   wurden, fuhr, zogen, begriffen, rieb, kannten
   Der Stammvokal wurde nicht verändert.

2. Beispiellösung
   Verben mit „haben“: riechen/wir haben gerochen, schlafen/wir haben geschlafen, träumen/wir haben geträumt, rechnen/wir haben gerechnet, trinken/wir haben getrunken, sehen/wir haben gesehen, schreien/wir haben geschrien, teilen/wir haben

geteilt, streiten/wir haben gestritten, singen/wir haben gesungen, zittern/wir haben gezittert ...
Verben mit „sein“: kriechen/wir sind gekrochen, steigen/wir sind gestiegen, rennen/wir sind gerannt, reiten/wir sind geritten, kommen/wir sind gekommen, fahren/wir sind gefahren, aufwachen/wir sind aufgewacht, hüpfen/wir sind gehüpft, schrumpfen/wir sind geschrumpft, wachsen/wir sind gewachsen ...
Es ist einfacher, Beispiele für Verbformen mit „haben“ zu finden, weil die meisten Verben ihre Präteritumsformen mit diesem Hilfsverb bilden. Mit „sein“ werden vor allem Verben der Fortbewegung und der Zustandsänderung gebildet.

Test

sie bauten	1. Pers. Sg. Präteritum
wir haben gegessen	3. Pers. Sg. Präteritum
du hattest gewartet	3. Pers. Sg. Plusquamperfekt
sie sägte	1. Pers. Pl. Perfekt
du hast gehackt	2. Pers. Sg. Plusquamperfekt
er hatte geschnitten	2. Pers. Sg. Perfekt
ihr habt gefragt	3. Pers. Pl. Präteritum
ich faulenzte	2. Pers. Pl. Perfekt

Auswertung zum Test:
Für jede richtige Verbindungslinie erhältst du einen Punkt.
Von insgesamt acht Punkten hast du .... Punkte erreicht.

Super!	In Ordnung!	Bitte noch einmal üben!
8 bis 7 Punkte	6 bis 5 Punkte	weniger als 5 Punkte

1. Um die Körper auch für die Ewigkeit nach dem Tode frisch zu halten, mumifizierten die Ägypter die toten Pharaos. Dadurch haben sie viele dieser alten Könige und Königinnen bis heute erhalten. Nachdem man die Körper mit Salböl behandelt hatte, umwickelte man sie mit Binden. Diesen Körpern entzog man durch Salz vor allem das Wasser, sodass sie noch heute als Mumien in Museen ausgestellt werden können. Seite 23
sie mumifizierten – 3. Pers. Pl. Präteritum – abgeschlossener Vorgang
sie haben erhalten – 3. Pers. Pl. Perfekt – Auswirkungen bis in die Gegenwart
man hatte behandelt – 3. Pers. Sg. Plusquamperfekt – Vorzeitigkeit vor Präteritum
man umwickelte – 3. Pers. Sg. Präteritum – abgeschlossener Vorgang
man entzog – 3. Pers. Sg. Präteritum – abgeschlossener Vorgang

2. Nach der Aussaat trieben die Bauern Schafe über die Äcker, damit sie die Körner eintraten. Bei der Ernte schnitten die Bauern die Ähren mit Sicheln ab und warfen sie in Körbe und Netze. Die Körbe waren sehr groß, zwei Männer befestigten je einen an einem Stock und trugen ihn so übers Feld. In der Tenne traten dann die mit Rufen und Stöcken angetriebenen Ochsen oder Esel das Korn aus.

3. Anzukreuzen waren b), c), e), h) und i). Seite 24

4. a) getreten haben (Perfekt) b) vorgelegt hatten (Plusquamperfekt)

5. „vorgelegt hatten“ (Plusquamperfekt) wird zu „vorgelegt haben“ (Perfekt)

Seite 25

Test

Vieles von den Kunstschätzen ist verloren gegangen (3. Pers. Sg. Perfekt), da viele Könige die Gräber und Statuen ihrer Vorgänger verwüsteten (3. Pers. Pl. Präteritum). Sie wollten (3. Pers. Pl. Präteritum) damit die Erinnerung an sie zerstören. Außerdem haben Grabräuber viel gestohlen (3. Pers. Pl. Perfekt). Bevor sie in die Grabräume eindrangen (3. Pers. Pl. Präteritum), hatten sie durch die Ausschachtungen große Schäden angerichtet (3. Pers. Pl. Plusquamperfekt). Bei einem Brand in der Bibliothek von Alexandria wurden (3. Pers. Pl. Präteritum) viele der alten Schriften ein Raub der Flammen. Alle diese Ereignisse haben die Begeisterung für die ägyptische Kultur jedoch nicht vermindert (3. Pers. Pl. Perfekt).

Auswertung zum Test:

Für jedes richtig konjugierte Verb mit Bestimmung erhältst du einen Punkt.
Von insgesamt acht Punkten hast du .... Punkte erreicht.

Super!	In Ordnung!	Bitte noch einmal üben!
8 bis 7 Punkte	6 bis 5 Punkte	weniger als 5 Punkte

Seite 27

1. a) – Dem Kot wird vor der Ausscheidung die meiste Flüssigkeit entzogen werden. (Futur I)
   – Dem Kot wird vor der Ausscheidung die meiste Flüssigkeit entzogen worden sein. (Futur II)
   b) – Der Rückenhöcker wird Fettvorräte enthalten. (Futur I)
   – Der Rückenhöcker wird Fettvorräte enthalten haben. (Futur II)
   c) – Die Körpertemperatur von Dromedaren wird nachts stark absinken. (Futur I)
   – Die Körpertemperatur von Dromedaren wird nachts stark abgesunken sein. (Futur II)
   d) – Tagsüber wird sich der Körper nur langsam aufwärmen. (Futur I)
   – Tagsüber wird sich der Körper nur langsam aufgewärmt haben. (Futur II)

Seite 28

2. a) 1. Pers. Sg. Futur I – Hoffnung
   b) 2. Pers. Sg. Futur I – Vermutung
   c) 1. Pers. Sg. Futur II – Hoffnung
   d) 1. Pers. Pl. Futur II – zukünftiges Ereignis
   e) 3. Pers. Sg. Futur I – Nachzeitigkeit nach Ereignis im Präsens
   f) 2. Pers. Pl. Futur I – Verbot

Seite 29

Test

Leider wirst du folgende Geschichte bald vergessen haben: Nachdem die Menschen das Kamel zum ersten Mal gesehen hatten, wunderten sie sich über die Größe des Tieres und stürzten ängstlich davon. „Ihr werdet uns umbringen!“, schrien die Menschen voller Panik. Bald merkten sie aber, dass die unbekannten Tiere nicht so furchtbar waren, wie sie es erwartet hatten, sondern dass man sie leicht bändigen konnte. Sie fingen es mit geringer Mühe ein. Ganz geduldig wird das Kamel nämlich alles mit sich geschehen lassen, wenn man es gewaltlos behandelt. Denn instinktiv weicht es jeder körperlichen Gefahr aus. Bald fingen wir Menschen an, das Kamel zu verachten, weil es trotz seiner Größe und Stärke sich nie widerspenstig gezeigt hatte, sondern sich jede wörtliche Kränkung ruhig gefallen lassen hatte. Unsere Vorfahren zäumten es auf und ließen es sogar von ihren Kindern leiten. Das kennst du heute bestimmt aus dem Zoo. Wir haben es zum Haustier gemacht und werden es auch in Zukunft zu unserem Nutzen verwenden. Du sollst an diese Geschichte denken, wenn du folgendes Schimpfwort vernommen hast: „Dummes Kamel!“

Personalform	Bestimmung
du wirst vergessen haben	2. Pers. Sg. Futur II
sie hatten gesehen	3. Pers. Pl. Plusquamp.
sie wunderten sich	3. Pers. Pl. Prät.
sie stürzten davon	3. Pers. Pl. Prät.
ihr werdet umbringen	2. Pers. Pl. Futur I
sie schrien	3. Pers. Pl. Prät.
sie merkten	3. Pers. Pl. Prät.
sie waren	3. Pers. Pl. Prät.
sie hatten erwartet	3. Pers. Pl. Plusquamp.
man konnte	3. Pers. Sg. Prät.
sie fingen ein	3. Pers. Pl. Prät.
es wird lassen	3. Pers. Sg. Futur I

Personalform	Bestimmung
man behandelt	3. Pers. Sg. Präs.
es weicht aus	3. Pers. Sg. Präs.
wir fingen an	1. Pers. Pl. Prät.
es hatte gezeigt	3. Pers. Sg. Plusquamp.
es hatte sich gefallen lassen	3. Pers. Sg. Plusquamp.
sie zäumten auf	3. Pers. Pl. Prät.
sie ließen	3. Pers. Pl. Prät.
du kennst	2. Pers. Sg. Präs.
wir haben gemacht	1. Pers. Pl. Perf.
wir werden verwenden	1. Pers. Pl. Futur I
du sollst	2. Pers. Sg. Präs.
du hast vernommen	2. Pers. Sg. Perf.

Auswertung zum Test:
Für jede richtige Unterstreichung eines kompletten Prädikats (wirst ... vergessen haben) erhältst du einen Punkt, für jede richtige Bestimmung einen weiteren.
Von insgesamt 48 Punkten hast du .... Punkte erreicht.

Super!	In Ordnung!	Bitte noch einmal üben!
48 bis 39 Punkte	38 bis 25 Punkte	weniger als 25 Punkte

Seite 31

1. a) Bring(e) den Kamelmist weg, Hunefer!
   b) Nephtis und Nefertari, holt Wasser vom Brunnen!
   c) Hört auf, die Datteln zu fressen! oder: Kamele, hört auf ... Auch im Folgenden können die Ansprachen ergänzt sein oder nicht.
   d) Bau(e) das Grabmal größer!
   e) Füllt Eselsmilch in die Wanne Kleopatras!
   f) Bietet den Göttern vor dem Kriegszug Opfergaben dar!
   g) Verkauf(e) die Dattelernte auf dem Markt!

Seite 32

2. a) Bringen Sie den Kamelmist weg!
   b) Holen Sie Wasser vom Brunnen!
   c) Hören Sie auf, die Datteln zu fressen!
   d) Bauen Sie das Grabmal größer!
   e) Füllen Sie Eselsmilch in die Wanne Kleopatras!
   f) Bieten Sie den Göttern vor dem Kriegszug Opfergaben dar!
   g) Verkaufen Sie die Dattelernte auf dem Markt!

3. „Richtige" Imperative: *kursiv*
   Andere Formen: unterstrichen
   Um nach dem Tod im Jenseits weiterleben zu können, mumifizierten die Ägypter ihre Toten. Hier die wichtigsten Regeln dafür:
   Zunächst müsst ihr das Gehirn herausholen. *Verquirlt* es dazu mit einem durch das Nasenloch eingeführten Haken. *Füllt* den leeren Kopf jetzt mit Leinen. Man sollte nun die Organe aus dem Körper entfernen. *Setzt* dazu einen Schnitt links unten zwischen Hüfte und Leiste. Das Herz dürft ihr aber nicht entnehmen. *Legt* den Körper 40 Tage lang in Natron, um ihm das Wasser zu entziehen. Wenn die Trocknung abgeschlossen ist, soll der Körper mit harzgetränktem Leinen, Sägemehl oder Natronkristallen ausgestopft werden. *Massiert* die Haut nun mit Ölen *ein*. Als letzten Schritt müsst ihr die Mumie in feste Bandagen einwickeln. Zu guter Letzt *setzt* dem Verstorbenen die Totenmaske *auf*.

Seite 33

4. a) Holt zunächst das Gehirn heraus!
   b) Entfernt nun die Organe aus dem Körper!
   c) Entnehmt das Herz aber nicht!
   d) Wenn die Trocknung abgeschlossen ist, stopft den Körper mit harzgetränktem Leinen, Sägemehl oder Natronkristallen aus!
   e) Wickelt als letzten Schritt die Mumie in feste Bandagen ein!

Test

Oh ihr Götter, Herren der Wahrheit, erhört mein Gesuch. Hört auf die Bitten dessen, der euch anruft, und kommt zu dem, der nach euch ruft. Anubis, du Totengott, beschütze meine Vorfahren und lasse mir noch lange die Freude am Leben. Ka, mein Doppelgänger und Schutzgeist, schenke mir ein gutes Schicksal und erhalte mir die Lebenskraft. Horus, du Falkengott, sorge für Recht und Ordnung, damit Maat, die Göttin der Gerechtigkeit, ihr Werk verrichten kann. Re, du Herr des Himmels und der Welt, dessen Auge die Sonnenscheibe ist, lenke die Geschicke der Welt zu unser aller Wohl. Seid meiner Hochachtung gewiss und erfreut mein Herz durch eure Weisheit.

Auswertung zum Test:
Für jedes richtig eingesetzte Verb erhältst du einen Punkt.
Von insgesamt 11 Punkten hast du .... Punkte erreicht.

Super!	In Ordnung!	Bitte noch einmal üben!
11 bis 9 Punkte	8 bis 6 Punkte	weniger als 6 Punkte

1. gleich: 1. Person Singular, 1. Person Plural, 3. Person Plural
unterschiedlich: 2. Person Singular, 3. Person Singular, 2. Person Plural Seite 34

2. Seite 35

Hunefer lobt, dass	ich	so freundlich und zuvorkommend	sei.
	du		seiest.
	er		sei.
	wir		seien.
	ihr		seiet.
	sie		seien.

3. a) Er schimpft mit euch, ihr bringet ihn auf die Palme.
b) Sie entgegnet, das jucke sie nicht.
c) Sie motzt mit dir, du lügest sie an.

Test
Man fülle Mehl mit etwas Salz in eine Schüssel. Jetzt drücke man in die Mitte eine tiefe Mulde. Man gebe Hefe in lauwarmes Wasser und rühre um, bis sich die Hefe auflöst. Dieses Hefewasser gieße man jetzt in die Mulde. Man füge Kräuter hinzu. Dann knete man den Teig geschmeidig und füge wenige Tropfen Wasser zu, bis sich der Teig locker vom Schüsselrand löst. Man lasse den Teig jetzt etwa eine halbe Stunde an einem warmen Ort gehen. Den Hefeteig forme man nun zu einem flachen Fladenbrot. Man ritze die Oberfläche vom Fladenbrot mit einem Messer rautenförmig ein und besprenge es mit ein wenig Salzwasser. Jetzt backe man das Brot etwa 20 Minuten in dem auf 200 Grad vorgeheizten Ofen hell goldbraun.

Auswertung zum Test:
Für jeden richtig umgeformten Satz erhältst du einen Punkt.
Von insgesamt neun Punkten hast du .... Punkte erreicht.

Super!	In Ordnung!	Bitte noch einmal üben!
9 bis 8 Punkte	7 bis 6 Punkte	weniger als 6 Punkte

1. Konjunktiv: Unterstreichung, Indikativ: ohne Markierung, beides möglich: rot Seite 38

du werdest laufen
ich habe geliebt — du bist gelaufen — ihr habet geliebt
ich laufe — sie liebt — du seiest gelaufen — wir werden lieben
ihr habt geliebt — du wirst laufen — sie werden gelaufen sein
sie liebe — ihr werdet geliebt haben — wir seien gelaufen
du liebest

2. a) Er schimpft mit euch, ihr habet ihn auf die Palme gebracht.
b) Sie entgegnet, das habe sie nicht gejuckt.
c) Er behauptet, er sei gegangen.
d) Sie motzt mit dir, du habest sie angelogen.
e) Er sagt, das habe nicht gestimmt.

f) Sie meint, er habe sie nicht verstanden.
g) Er kritisiert euch, ihr seiet geflohen.

3. Die Personalpronomen müssen angepasst werden (z. B. mich → ihn).

Seite 39

4. a) Er schimpft mit euch, ihr werdet ihn auf die Palme bringen.
b) Sie entgegnet, das werde sie nicht jucken.
c) Er behauptet, er werde gehen.
d) Sie motzt mit dir, du werdest sie anlügen.
e) Er sagt, das werde nicht stimmen.
f) Sie meint, er werde sie nicht verstehen.
g) Er kritisiert euch, ihr werdet fliehen.

5. a) Er schimpft mit euch, ihr werdet ihn auf die Palme gebracht haben.
b) Sie entgegnet, das werde sie nicht gejuckt haben.
c) Er behauptet, er werde gegangen sein.
d) Sie motzt mit dir, du werdest sie angelogen haben.
e) Er sagt, das werde nicht gestimmt haben.
f) Sie meint, er werde sie nicht verstanden haben.
g) Er kritisiert euch, ihr werdet geflohen sein.

Test

Das Leben Tutanchamuns war weniger angenehm als viele vermuten. Laut Aussage der Ärzte, die seine Mumie untersuchten, habe der Gottkönig unter vielen Krankheiten gelitten. Man werde durch verbesserte Tests in der Zukunft noch mehr darüber erfahren. Zwei Tatsachen seien aber jetzt schon sicher, so die Wissenschaftler: Besonders schmerzhaft habe dem bei seinem Tod erst 19 Jahre alten Teenager-Pharao eine Knochenkrankheit am linken Fuß zugesetzt. Der Pharao habe wohl nur mithilfe eines Stocks gehen können. Dies erkläre auch die Tatsache, dass Howard Carter in der Grabkammer bei deren Entdeckung 1922 130 Stöcke gefunden habe. Die Mediziner sind sich einig, dass dem jungen Pharao zudem die Tropenkrankheit Malaria zu schaffen gemacht habe. Woran er letztendlich starb, bleibt jedoch Mutmaßung. Die Wissenschaftler sind aber guten Mutes, dass man dies bis zum Jubiläum der Entdeckung 2022 herausbekommen haben werde.

a) erkläre (3. Pers., Sg., Präsens) → erklärt
b) habe gefunden (3. Pers., Sg., Perfekt) → hat gefunden
c) habe gemacht (3. Pers., Sg., Perfekt) → hat gemacht
d) werde herausbekommen haben (3. Pers., Sg. Futur II) → wird herausbekommen haben

Auswertung zum Test:

Für jedes richtige Prädikat im Konjunktiv erhältst du einen Punkt. Für jede richtige Analyse erhältst du einen weiteren Punkt.

Von insgesamt 13 Punkten hast du .... Punkte erreicht.

Super!	In Ordnung!	Bitte noch einmal üben!
13 bis 11 Punkte	10 bis 7 Punkte	weniger als 7 Punkte

1. Seite 42

Infinitiv	*Präteritum (3. Person Plural)*	*Verbform des Konjunktiv II*	*Konjunktiv II mit Hilfsverb „würden"*
wissen	wussten	wüssten	würden wissen
lesen	lasen	läsen	würden lesen
schlagen	schlugen	schlügen	würden schlagen
ziehen	zogen	zögen	würden ziehen
können	konnten	könnten	würden können
helfen	halfen	hülfen/hälfen	würden helfen
dürfen	durften	dürften	würden dürfen
kommen	kamen	kämen	würden kommen
gewinnen	gewannen	gewännen	würden gewinnen

2. a) Besäßen Sie die Güte, meinen Liegestuhl zu räumen?
   b) Wären Sie so freundlich, Ihr Badetuch mitzunehmen?
   c) Könnten Sie mir beim Eincremen behilflich sein?
   d) Würden Sie bitte den Ausblick freimachen?
   e) Hätten Sie noch zwei andere Liegestühle für uns frei?

3. Die Prüfung ist so schwierig. – Wenn sie doch einfacher wäre! Seite 43
   Er reitet so langsam. – Wenn er doch schneller ritte!
   Sie laufen so schnell. – Wenn sie doch langsamer laufen würden!
   Hunefer hat keinen Freund. – Wenn er doch einen Freund hätte!

Test

a) **Hunefer:** Wenn ich mehr Nahrung hätte, gäbe ich den Armen bestimmt etwas davon ab. Wenn ich reich wäre, erwürbe ich das schnellste Kamel weit und breit. Wenn ich noch mehr Geld besäße, zöge ich als Karawanenführer von einem Land zum anderen. Und vielleicht fiele mir auch noch etwas Besseres ein.
   Seine Mutter: Falls du Zeit haben solltest, könntest du den Innenhof kehren.
   Hunefer: Das geht leider nicht, ich hälfe/hülfe dir gerne, wenn ich jetzt nicht dringend zu meinem Freund gehen müsste. Sonst kämen wir nämlich nicht mehr rechtzeitig zum Nachwuchsrennen.
   Seine Mutter: Nehmen wir einmal an, du wärest meine Mutter. Dann missfiele dir das Verhalten deines Kindes doch sicher.
   Hunefer: In diesem Fall müsste mein Kind natürlich viel mehr helfen. Wiedersehen!

b) **Hunefer:** Wenn ich mehr Nahrung gehabt hätte, hätte ich den Armen bestimmt etwas davon abgegeben. Wenn ich reich gewesen wäre, hätte ich das schnellste Kamel weit und breit erworben. Wenn ich noch mehr Geld besessen hätte, wäre ich als Karawanenführer von einem Land zum anderen gezogen. Und vielleicht wäre mir auch noch etwas Besseres eingefallen.

<u>Auswertung zum Test:</u>
Bei a) erhältst du für jedes richtig eingesetzte Verb einen Punkt, bei b) für jeden richtig veränderten Satz einen Punkt.
Von insgesamt 15 Punkten hast du .... Punkte erreicht.

Super!	In Ordnung!	Bitte noch einmal üben!
15 bis 13 Punkte	12 bis 8 Punkte	weniger als 8 Punkte

Seite 44

1. Er sagt: „Ich springe!“ – Er sagt, er springe. – Er sagt, er spränge. – Er sagt, er würde springen.
   Sie rufen: „Wir geben!“ – Sie rufen, sie geben. – Sie rufen, sie gäben. – Sie rufen, sie würden geben.
   Du meinst: „Ich gehe!“ – Du meinst, du gehest. – Du meinst, du gingest. – Du meinst, du würdest gehen.

Seite 45

2. a) Der Baumeister befiehlt den Arbeitern, sie müssten/sollten die Pyramide schneller bauen.
   b) Der Großwesir bittet seinen Stellvertreter, er möge in seiner Abwesenheit auf die Schatzkammer aufpassen.
   c) Hunefer fordert seinen Vater auf, er solle mit ihm ins Niltal reiten.

3. a) Der Hohepriester behauptet, die Götter seien zornig.
   b) Der Karawanenführer berichtet, irgendjemand habe das Brunnenwasser vergiftet.
   c) Der Oasenbauer erzählt, manchmal falle ein Tier in den Brunnen und ertrinke.
   d) Sein Sohn denkt, er dürfe das Wasser nicht mehr verwenden.
   e) Ich schlage vor, ich liefe einfach zum nächsten Brunnen.
   f) Der Pharao beklagt, die Bauern würden zu langsam arbeiten.

Test

Hunefers Vater meinte, dass er sich niemals am Pyramidenbau beteilige/beteiligen werde. Das Problem sei, dass dann niemand mehr die Arbeit in der Oase mache. Er behautet, die Dattelfrüchte würden dann an den Bäumen vertrocknen. Es könne doch auch nicht gerecht sein, dass Tausende von Menschen am Grab eines einzelnen Menschen schuften müssen, meint Hunefers Mutter. Außerdem klage Hunefers Vater bereits jetzt dauernd über Kreuzschmerzen.

Auswertung zum Test:
Für jede richtige Korrektur erhältst du einen Punkt.
Von insgesamt sechs Punkten hast du .... Punkte erreicht.

Super!	In Ordnung!	Bitte noch einmal üben!
6 bis 5 Punkte	4 Punkte	weniger als 4 Punkte

Seite 47

1. a) Das Kamel wurde von Hunefer gepflegt.
   b) Kleopatra ist von Cäsar geliebt worden.
   c) Der Spielzeuglöwe ist von Nefertari versteckt worden.
   d) Eine Handvoll Datteln werden ihm von ihr geschenkt.
   e) Faule Bauarbeiter waren vom Pharao bestraft worden.
   f) Es wird morgen von ihm erledigt worden sein.
   g) Die größte Pyramide ist von Cheops erbaut worden.

2. Papyrus ist von den Ägyptern viele Jahrhunderte lang hergestellt worden.
Die Geometrie wurde von der ägyptischen Hochkultur hervorgebracht.
Die Pyramiden werden täglich von Tausenden Touristen besucht.
Das Rätsel der Sphinx wird auch in Zukunft nicht gelöst werden.
Gegen Nilfluten waren von ägyptischen Ingenieuren Dämme gebaut worden.
Viele Altertümer werden bald von Umwelteinflüssen zerstört worden sein.

3. Seite 48

[ ]	Er wird weglaufen.
[V]	Sie wird geschlagen.
[Z]	Sie sind entdeckt.
[ ]	Er wird die Antilope jagen.
[ ]	Ich werde ihn nicht schlagen.
[V]	Die Eier waren im Nest gefunden worden.
[ ]	Man schneidet die Früchte in Stücke.
[V]	Sie wurden ins Wasser geschubst.
[Z]	Der Tontopf war zerbrochen.
[ ]	Er entdeckte die Karawane.
[V]	Die Datteln wurden gewaschen.
[ ]	Sie lachen sehr viel.
[ ]	Er wird das Kamel zähmen.
[ ]	Nephtis spielt Flöte.
[V]	In dicke Ringe werden sie geschnitten.
[ ]	Das Wetter wird schön.
[V]	Die Antilope wird gejagt.
[Z]	Das Holz ist zersägt.
[ ]	Hunefer wird auf den Markt reisen.
[V]	Es wird laut getrommelt.
[ ]	Sie hatten den Topf zerbrochen.
[ ]	Sie werden sicher kommen.
[V]	Das Kamel wird gezähmt werden.
[V]	Es wird verkauft.

4. a) Hunefers Kamel wird verkauft. Vorgangspassiv
Hunefers Kamel ist verkauft.
b) Die Karawane ist von Aufständischen ausgeraubt. Zustandspassiv
Die Karawane wird von Aufständischen ausgeraubt.
c) Hunefers Haare waren von seiner Mutter geschnitten. Zustandspassiv
Hunefers Haare wurden von seiner Mutter geschnitten.
d) Die Armee des Pharao wird von den Assyrern geschlagen werden. Vorgangspassiv
Die Armee des Pharao wird von den Assyrern geschlagen sein.
e) Während der Heuschreckenplage waren viele der Insekten auf den Feldern verbrannt worden. Vorgangspassiv
Während der Heuschreckenplage waren viele der Insekten auf den Feldern verbrannt gewesen.

5. KAIRO. Einen Schaden von etwa einer halben Million Euro hat gestern ein Brand im Ägyptischen Nationalmuseum in Kairo verursacht. Nach Polizeiangaben ist niemand verletzt. Allerdings klagten rund 20 Besucher über vorübergehenden Hustenreiz und Übelkeit. Zwei unter Asthma leidende Kinder wurden ärztlich beobachtet. Als Brandursache wird nach bisherigen Erkenntnissen ein technischer Defekt angenommen. Wegen verbrannter Kunststoffteile waren die Bürger zum Schließen ihrer Fenster und Türen aufgefordert worden. Bei mehreren Messungen im Stadtgebiet konnten die Behörden keine erhöhten Luftschadstoffe mehr feststellen. Die Flammen wurden am Morgen von einem Mitarbeiter des Museums in einem Technikraum entdeckt. Die unersetzlichen Kunstwerke sind nicht beschädigt. Seite 49
Nach Polizeiangaben ist niemand verletzt.
Die unersetzlichen Kunstwerke sind nicht beschädigt.

Test

Ein Historiker berichtet, Pharao Chefren habe vor den Pyramiden einen Sphinx erbauen lassen. Bis heute sei nicht ganz klar, worin sein Nutzen bestehe. Viele Ägyptologen würden glauben, seine Aufgabe sei es gewesen, die Heiligtümer zu beschützen. Der Sphinx bestehe aus einem Löwenkörper und dem Kopf des Pharao. Allerdings fehle dem Antlitz die Nase. Wahrscheinlich sei der Sphinx aus einem Felsblock gehauen worden. Dabei seien Risse entstanden, die mit Mauerwerk repariert worden seien.

Auswertung zum Test:

Für jeden richtigen Satz erhältst du einen Punkt.

Von insgesamt sieben Punkten hast du .... Punkte erreicht.

Super!	In Ordnung!	Bitte noch einmal üben!
7 bis 6 Punkte	5 Punkte	weniger als 5 Punkte

Seite 51

1. Ritter waren ursprünglich bewaffnete Reiter, die aus dem niederem Adel stammten. Ein Bauer konnte schon deshalb kein Ritter sein, weil er die teuren Pferde, Waffen und Rüstungen gar nicht bezahlen konnten. Dem König gegenüber waren die Panzerreiter, wie sie früher auch genannt wurden, zur Treue verpflichtet und mussten mit ihm in den Krieg gegen andere Herrscher ziehen. Im 11. Jahrhundert konnten die Ritter selbst Land erweben.

2. der Ritter (mask.), der Reiter (mask.), der Adel (mask.), der Bauer (mask.), der Ritter (mask.), das Pferd (neutr.), die Waffe (fem.), die Rüstung (fem.), der König (mask.), der Panzerreiter (mask.), die Treue (fem.), der Krieg (mask.), der Herrscher (mask.), das Jahrhundert (neutr.), der Ritter (mask.), das Land (neutr.)

3.

	Nominativ	*Genitiv*	*Dativ*	*Akkusativ*
Singular	das Huhn	des Huhnes	dem Huhn	das Huhn
Plural	die Hühner	der Hühner	den Hühnern	die Hühner
Singular	der Hahn	des Hahnes	dem Hahn	den Hahn
Plural	die Hähne	der Hähne	den Hähnen	die Hähne
Singular	die Taube	der Taube	der Taube	die Taube
Plural	die Tauben	der Tauben	den Tauben	die Tauben

Seite 52

4. a) Wer oder was heißt Pippin? → Nominativ, Singular
   b) Wen oder was darf man nicht schlagen? → Akkusativ, Plural
   c) Wessen Fell ist rotbraun? → Genitiv, Singular
   d) Wer oder was sind beliebte Haustiere? → Nominativ, Plural
   e) Wem gehört der Knochen? → Dativ, Singular

5. a) Er gibt dem Pferd (Neutrum, Singular, Dativ) die Sporen.
   Wem gibt er die Sporen?

b) Die Steigbügel (Maskulinum, Plural, Nominativ) waren eine tolle Erfindung, um nicht vom Pferd zu fallen.
Wer oder was war eine tolle Erfindung?

c) Das Wappen des Kämpfers (Maskulinum, Singular, Genitiv) fand sich auf dem Schild (Maskulinum (!), Singular, Dativ).
Wessen Wappen fand sich auf dem Schild?
Auf wem oder was fand sich das Wappen des Kämpfers?
Der Schild = Schutzwaffe (eines Ritters) – das Schild = Aushängeschild, Verkehrsschild

d) Außerdem trug er die Rüstung (Femininum, Singular, Akkusativ) zum Schutz.
Wen oder was trug er zum Schutz?

6. Schwimmen (Neutrum, Singular, Nominativ), Tanzen (Neutrum, Singular, Dativ), Kämpfen (Neutrum, Singular, Dativ) Seite 53
Die substantivierten Verben sind Neutra, der Plural kann nicht gebildet werden.

Test
Zwölf Ritter versammelte König Artus von Britannien als politischen Rat, um das sagenhafte Königreich Camelot zu regieren. Angeblich saßen sie bei ihren Treffen alle an einem großen runden Tisch, der Tafelrunde. Das Tafeln konnte tagelang dauern. Schließlich wurde man mit leckeren Speisen bewirtet. Artus' Männer galten als die tugendhaftesten Ritter ihrer Zeit. Sie übten sich zudem im Fechten und Reiten. Auf Turnieren trainierten sie, mit der Lanze umzugehen. Überliefert ist dieser Personenkreis aus der Artussage. Dieser Überlieferung nach wurde derjenige Alleinherrscher des Inselreiches, dem es gelang, das magische Schwert Excalibur aus dem Stein zu ziehen. Beim Herausziehen waren schon viele Kandidaten gescheitert. Artus hat es natürlich geschafft. Zur Tafelrunde sind viele Bücher erschienen. Viel Spaß beim Schmökern!

a) Speisen (Femininum, Dativ, Plural)
b) Schwert (Neutrum, Akkusativ, Singular)
c) Stein (Maskulinum, Dativ, Singular)
d) Spaß (Maskulinum, Nominativ, Singular)
e) Schmökern (Neutrum, Dativ, Singular)

Auswertung zum Test:
Für jede richtige Unterstreichung und für jede richtige Bestimmung erhältst du einen Punkt.
Von insgesamt 38 Punkten hast du .... Punkte erreicht.

Super!	In Ordnung!	Bitte noch einmal üben!
38 bis 33 Punkte	32 bis 20 Punkte	weniger als 20 Punkte

1. kleinmitundwassermännlichkeitsanftmutgraubrotoftstürmensichihrtugendblitzschnell keinwieselflinkknappesattelwanderungineinigkeitsagenhaftuns Seite 54

Seite 55

2. gut – schlecht, lebendig – tot, mutig – feige, hoch – tief, schwarz – weiß, hungrig – satt, schnell – langsam, hell – dunkel, traurig – lustig, selten – häufig, billig – teuer, bunt – einfarbig, eckig – rund, arm – reich, dumm – klug, ...

3. Beispiellösung
windig – windstill, groß – klein, riesig – winzig, modern – altmodisch, sonnig – schattig

4.

	Singular	*Plural*	*Singular*	*Plural*
Nominativ	der windige Tag	die windigen Tage	die graue Maus	die grauen Mäuse
Genitiv	des windigen Tages	der windigen Tage	der grauen Maus	der grauen Mäuse
Dativ	dem windigen Tag	den windigen Tagen	der grauen Maus	den grauen Mäusen
Akkusativ	den windigen Tag	die windigen Tage	die graue Maus	die grauen Mäuse

Seite 56

5. Als Knappen wurden ritterbürtige, das heißt blaublütige Jünglinge verstanden. Vom siebten bis zum 21. Lebensjahr wurden sie an einem adeligen Hof erzogen. Nach der anstrengenden Pagen- und Junkerzeit betrachtete man sie mit 14 oder 15 Jahren als erwachsene Männer. Sie wurden zu Knappen (Edelknechten) ernannt und bekamen bei einer feierlichen Zeremonie eine lange Lanze, ein kurzes Schwert, ein schweres Schild und silberne Sporen verliehen. Sie leisteten ihrem Herren Gesellschaft bei *ausgedehnten* Jagden und Reisen, Waffendienste bei den häufigen Kriegszügen und standen als eifrige Helfer am Rande des Turnierplatzes bereit, um frische Lanzen bereitzuhalten oder um ihrem Herrn aufs oder vom Ross zu helfen. Am Ende der mehrjährigen Knappenzeit erfolgte mit dem Ritterschlag die *ersehnte* Aufnahme in den Ritterstand.
(*kursiv* = Partizipien)

6. a) ritterbürtige (Plural, Nominativ)
b) blaublütige (Plural, Nominativ)
c) adeligen (Singular, Dativ)
d) anstrengenden (Singular, Dativ)
e) erwachsene (Plural, Akkusativ)

7. Beispiellösung
a) Der lustige Hofnarr ...
Der Hofnarr ist lustig. Der Hofnarr tanzt lustig.
b) Der faule Hund ...
Der Hund ist faul. Der Hund liegt faul in der Sonne.
c) Der grausame Henker ...
Der Henker ist grausam. Der Henker schwingt grausam sein Richtbeil.

8. Ritter Siegbert hätte gern ein neues/attributiv Gewand. Das rote/attributiv ist ihm zu teuer/prädikativ. Deswegen probiert er das blaue an. Es passt ihm gut/adverbial

und es sitzt bequem/adverbial. Der warme/attributiv Stoff fühlt sich weich/adverbial an. Besonders schick/adverbial findet er die silbernen/attributiv Knöpfe. Siegbert ist stolz/prädikativ auf sein standesgemäßes/attributiv Aussehen.

9.

ein ~~runder~~ Kreis	rostiges Eisen	eine geräucherte Wurst
~~gefrorenes~~ Eis	ein ~~schwarzer~~ Rappe	~~nasses~~ Wasser
ein ~~weißer~~ Schimmel	eine kleine Maus	eine dicke Mauer

Seite 57

Test

a) Die Truppe begibt sich auf einen steinernen / Sg., Akkusativ Weg und reitet durch eine winterliche / Sg., Akkusativ Landschaft.
b) Ritter Siegbert kauft seiner Frau zwei seidene / Pl., Akkusativ Kleider.
c) Ein geduldiger / Sg., Nominativ sitzt schon seit Stunden am schlammigen / Sg., Dativ Flussufer.
d) Den startbereiten / Pl., Dativ Läufern wird der weit entfernte / Sg., Nominativ Zielort bekannt gegeben.
e) Siegbert bekommt eines regnerischen / Sg., Genitiv Tages von seinem Knappen eine trotzige / Sg., Akkusativ Antwort.

Auswertung zum Test:
Für jedes richtig eingesetzte Adjektiv erhältst du einen Punkt, ebenso für jede richtige Bestimmung.
Von insgesamt 16 Punkten hast du .... Punkte erreicht.

Super!	In Ordnung!	Bitte noch einmal üben!
16 bis 13 Punkte	12 bis 9 Punkte	weniger als 9 Punkte

1.

Positiv	*Komparativ*	*Superlativ*
hoch	höher	am höchsten
toll	toller	am tollsten
nah	näher	am nächsten
sensationell	sensationeller	am sensationellsten

Seite 58

2.

Stachel	stachliger	Wunder	wunderbarer	Fehler	fehlerhafter
Harz	harziger	Rätsel	rätselhafter	König	königlicher
Mutter	mütterlicher	Bild	bildhafter	Haft	haftbarer
Wasser	wässriger	Kind	kindlicher	Gefahr	gefährlicher

Seite 59

3.

Mühe	am mühevollsten	Riese	am riesigsten
Regen	am regnerischsten	Durst	am durstigsten
Stein	am steinigsten	Hunger	am hungrigsten

4. Beispiellösung
stocksauer, stocksteif, pudelnass, hochschwanger, hochgefährlich, hochreif, pfeilschnell, überreif, übervorsichtig, brandgefährlich, rabenschwarz, uralt

5. eine junge Dame – eine jüngere Dame – eine Dame mittleren Alters – eine ältere Dame – eine alte Dame – eine uralte Dame
Das war trickreich. Trotz der Steigerung ist eine ältere Dame jünger als eine alte Dame und eine jüngere Dame älter als eine junge Dame!
Manchmal tut sich unsere Sprache schwer, die Dinge beim Namen zu nennen. Vollschlank ist auch nicht schlanker als schlank. Im Gegenteil.

Seite 60

6. a) Der Sheriff von Nottingham ist älter als die junge Lady Marian. (Komparativ)
b) Robin Hood ist der beste Bogenschütze Englands. (Superlativ)
c) Der baumlange Little John ist größer als Robin. (Komparativ)
d) Robin kämpft mit dem Stock so gut wie John. (Positiv)
e) Der übergewichtige Bruder Tuck ist dicker als Robin. (Komparativ)
f) Die berühmte Sage um Robin Hood ist so bekannt wie manche Heiligenlegende aus der Bibel. (Positiv)

7. a) Ritter Siegbert: Ich habe eine kluge Tochter.
Ritter Konrad: Meine Tochter ist klüger.
Ritter Gieselher: Die klügste ist aber meine Tochter.
b) Ritter Siegbert: Mir gehören viele Dörfer.
Ritter Konrad: Ich besitze noch mehr Dörfer.
Ritter Gieselher: Ich kann die meisten Dörfer mein Eigen nennen.

Seite 61

8. a) Siegberts Speer flog von allen am weitesten.
b) Die Ritter aßen lieber mit den Händen.
c) Brathähnchen mochte Ritter Siegbert mehr als Brathering.
d) Er reitet schneller als der Wind zu seiner Frau.
e) Die Ritter mussten öfter in den Krieg ziehen.
f) Beim Festmahl sang Siegbert lauter als alle anderen.
Auch manche Adverbien (gern, sehr, oft) sind komparierbar.

Test
In früheren (K) Zeiten folgten die Ritter dem Ruf der Kirche, das Heilige (P) Land und Jerusalem zu befreien. Jerusalem war für die Christen eine der wichtigsten (S) Städte überhaupt, weil hier Jesus Christus gekreuzigt worden war. Doch auch die Juden hielten das Gebiet um die bekannteste (S) Stadt Palästinas für das Gelobte (P) Land. Im 7. Jahrhundert entstand die jüngste (S) der um Jerusalem konkurrierenden Religionen, der Islam. Bereits im 8. Jahrhundert kam es in Frankreich an zu blutigen (P) Schlachten zwischen den fränkischen (P) Panzerreitern und den Kriegern Allahs, die bereits Teile Spaniens erobert hatten. Es war nicht erkennbar (P), wer die besseren (K) Kämpfer hatte. Gut 200 Jahre später waren sich Christen und Moslems noch feindlicher (K) gesonnen, als die Moslems Jerusalem unter ihre Herrschaft gebracht hatten. Jeder hielt den anderen für den Ungläubigeren. Diese Feindschaft und die Ignoranz gegenüber allem, was anderen (P) Glaubens war, führte zu den überflüssigsten (S)

Kriegen, die im Zeichen des Kreuzes geführt wurden, und deshalb Kreuzzüge genannt wurden.

Auswertung zum Test:
Für jedes richtig bestimmte Adjektiv erhältst du einen Punkt.
Von insgesamt 13 Punkten hast du .... Punkte erreicht.

Super!	In Ordnung!	Bitte noch einmal üben!
13 bis 11 Punkte	11 bis 7 Punkte	weniger als 7 Punkte

1. der Mann, der Mut, der Fluss, der Sklave, der (Ver-)Kauf, der Hirte, der Teich, der Mord die Geschichte, die Meinung, die Wölfin, die Arbeit, die Grotte, die Erfahrung das Meer, das Schloss, das Zimmer, das Baby, das Wunder Seite 62

2. Seite 63

	bestimmter Artikel	unbestimmter Artikel
Bruder	der Bruder	ein Bruder
Brüder	die Brüder	–
Tochter	die Tochter	eine Tochter
Töchter	die Töchter	–
Kind	das Kind	ein Kind
Kinder	die Kinder	–

3. Der Plural des bestimmten Artikels ist vom Genus unabhängig, und beim unbestimmten Artikel existiert kein Plural.

Test

a) Der König Numitor von Alba Longa hatte eine Tochter, die er Rhea Silvia nannte. Eines Tages spazierte sie durch die Wälder des Königreiches. Das Mädchen, das (von) dem Spaziergang müde wurde, legte sich in eine Grotte. Dort tauchte der Gott Mars auf. Neun Monate später kamen jene zwei Kinder auf die Welt, die Romulus und Remus genannt wurden. Den Vater hat keiner mehr gesehen. Da inzwischen König Numitor von seinem Bruder, der keine Skrupel kannte, (von) dem Thron verdrängt worden war, beäugte der neue König die Neugeborenen argwöhnisch. Deshalb ist es nicht verwunderlich, dass der sich beeilte, die beiden in einen Korb zu legen, den er in den Tiber warf. Am Ufer des Flusses fand eine Wölfin die Zwillinge, die sie wie ihren eigenen Nachwuchs säugte. Anschließend nahm sich ein Hirte ihrer an und zog sie auf. Als die Findelkinder erwachsen waren, gründete Romulus 753 v. Chr. das antike Rom. Nach einem Streit erschlug er seinen Bruder, weil sich der über die Errichtung der Stadtmauern lustig gemacht hatte, indem er einfach über sie gesprungen war.

b) der König (Mask., Sg., Nominativ), eine Tochter (Fem., Sg., Akkusativ), eines Tages (Mask., Sg., Genitiv), die Wälder (Mask., Pl., Akkusativ), des Königreiches (Neutrum, Sg., Genitiv), das Mädchen (Neutrum, Sg., Nominativ), dem Spaziergang (Mask., Sg., Dativ), eine Grotte (Fem., Sg., Akkusativ)

Auswertung zum Test:
Für jede richtige Unterstreichung und für jede richtige Bestimmung erhältst du einen Punkt.
Von insgesamt 34 Punkten hast du .... Punkte erreicht.

Super!	In Ordnung!	Bitte noch einmal üben!
34 bis 28 Punkte	27 bis 18 Punkte	weniger als 18 Punkte

Seite 66

1. a) Beten die Priester am frühen Morgen? – Ja, sie beten am frühen Morgen.
   b) Trinkst du gerne Wein? – Nein, ich trinke ihn nicht gerne.
   c) Schneidet ihr die Zwiebeln? – Nein, wir schneiden sie nicht.
   d) Spannt er seinen Bogen nach? – Ja, er spannt ihn nach.
   e) Schenkt sie ihrem Mann etwas? – Nein, sie schenkt ihm nichts.
   f) Siehst du den Falken? – Nein, ich sehe ihn nicht.

2. a) Julius Cäsar war ein Römer. Er lebte von 100 bis 44 v.Chr.
   b) Es gibt viele Statuen mit seinem Bildnis. Sie sind oft aus Marmor gehauen.
   c) Anna und Jannis sind nach Rom gefahren. Haben sie solche Statuen gesehen?
   d) Die beiden entdeckten Cäsars Kopf häufig in Rom. Anna und Jannis fotografierten ihn.

3. a) Du seid aus Italien. Ihr
   b) Ihr sind aus Germanien. Wir/Sie
   c) Sie wohnst an der Via Appia. Du

Seite 67

4. Die Überlieferung lehrt uns folgende Geschichte:
   Die Kelten waren 387 v. Chr. nach Rom eingedrungen. Nachts versuchten sie, auch den Hügel des Kapitols zu erobern. Auf ihm wurden zur Ehre der Göttin Juno heilige Gänse gehalten. Sie schlugen Alarm, als der Anführer der Kelten mit ein paar seiner Männer die Anhöhe hinaufklettern wollte. Der römische Befehlshaber konnte ihn von der Mauer stoßen, sodass er die anderen mitriss. Das Federvieh hatte Rom also zunächst gerettet. Doch wir wissen, dass es vergebene Mühe war, weil die Kelten nur gegen eine Goldzahlung aus der Stadt abzogen.

5. Beispiellösung
   Die Überlieferung lehrt den Menschen folgende Geschichte:
   Die Kelten waren 387 v. Chr. nach Rom eingedrungen. Nachts versuchten die Kelten, auch den Hügel des Kapitols zu erobern. Auf dem Hügel wurden zur Ehre der Göttin Juno heilige Gänse gehalten. Die Gänse schlugen Alarm, als der Anführer der Kelten mit ein paar seiner Männer die Anhöhe hinaufklettern wollte. Der römische Befehlshaber konnte den Anführer von der Mauer stoßen, sodass der Anführer die anderen mitriss. Das Federvieh hatte Rom also zunächst gerettet. Doch die Menschen wissen, dass die Tat vergebene Mühe war, weil die Kelten nur gegen eine Goldzahlung aus der Stadt abzogen.

Test

Gaius Julius Cäsar ist eine bekannte Persönlichkeit des römischen Reiches. Er (3. Pers., Sg., Nom.) entstammte einer angesehenen patrizischen Familie, allerdings war sie (3. Pers., Sg., Nom.) verarmt. Für ihn (3. Pers., Sg., Akk.) war eine Ämterlaufbahn vorgesehen. Später wurde er (3. Pers., Sg., Nom.) Staatsmann und Feldherr. Mit ihm (3. Pers., Sg., Dat.) eroberten die Soldaten Gallien. Berühmt ist sein Zitat: „Ich (1. Pers., Sg., Nom.) kam, sah und siegte!" Die letzte große Pharaonin Kleopatra faszinierte Julius Cäsar sehr. Er (3. Pers., Sg., Nom.) lernte sie (3. Pers., Sg., Akk.) 48 vor Christus in Ägypten kennen. Bald darauf wurden die beiden ein Liebespaar. Sie (3. Pers., Pl., Nom.) bekamen einen gemeinsamen Sohn. Kannst du (2. Pers., Sg., Nom.) dir (2. Pers., Sg., Dat.) vorstellen, wie der gemeinsame Sohn von Cäsar und Kleopatra hieß? Wenn nicht, schau doch einfach im Internet oder Lexikon nach.

Auswertung zum Test:

Für jede richtige Unterstreichung und für jede richtige Bestimmung erhältst du je einen Punkt.

Von insgesamt 22 Punkten hast du .... Punkte erreicht.

Super!	In Ordnung!	Bitte noch einmal üben!
22 bis 18 Punkte	17 bis 12 Punkte	weniger als 12 Punkte

Seite 69

1. Anzukreuzen waren: sein Freundin, ihre Kleid, deine Sklave, euer Pferde, unser Galeere, meine Arzt

2. a) mein – unser – dein – sein
   Das einzige Possessivpronomen im Plural
   b) uns – euch – mein – es
   Das einzige Personalpronomen
   c) ich – unser – wir – sie
   Das einzige Possessivpronomen

3. a) Du gehörst jetzt Julius Cäsar. Du bist sein Sklave.
   b) Dieser Hund gehört seiner Tochter. Es ist ihr Hund.
   c) Dort siehst du die Wachstäfelchen der Kinder. Es sind ihre Schreibtafeln.
   d) Die Villa gehört der Familie Julius Cäsars. Es ist ihre Villa.
   e) In diesem Zimmer schlafe ich. Es ist mein Schlafgemach.
   f) Dieser Holzbecher gehört dir. Es ist dein Becher.

4. Die Liebesbeziehung zwischen Kleopatra und Cäsar hatte einige Jahre Bestand. Sie wurde seine Beraterin und später die Mutter seines Sohnes. Sie nannten ihr Kind Cäsarion. Kleopatra und Julius Cäsar standen einst im großen Palastsaal, und sie sagte zu ihm: „Du kannst mir keine Befehle erteilen. Ich fühle mich zu dir hingezogen und ich bin deine Geliebte, aber du bist nicht mein Ehemann, dem ich untertan bin." Nach Cäsars Ermordung ernannte Kleopatra ihren Sohn zum Mitregenten.

Seite 70

5. Julius Cäsar hatte einen Sklaven,
   a) der als Krieggefangener aus Syrien kam.
   b) den das Heimweh nach Syrien sehr plagte.
   c) deren Fell sehr struppig war.
   d) der die Arbeit auf dem Feld schwer fiel.

6. a) Die drei Arbeiter, die im Garten arbeiten, sind ebenfalls Sklaven. (Nominativ)
   b) Augustus, dem diese Villa gehört, ist ihr Herr. (Dativ)
   c) Der Apfel, den sie heute Augustus gebracht haben, war sehr süß. (Akkusativ)

7. a) Wie gefällt dir der neue Sklave, den ich gestern gekauft habe?
   b) Der Senat, dem Cäsar angehört, entscheidet über die Entwicklung Roms.
   c) Der römische Senat, dessen Mitglieder Senatoren hießen, war bis zum Ende der Republik die wichtigste Institution des römischen Staates.

Seite 71

8. Leuchtrakete – Nordasien – auseinander – Heuernte – richtig – Leihmutter – Hundeinsel – Direktor – unseriös – unwirsch – Sieger – Finanzwirtschaft – Diebesgut – vergessen – Pferderennen – Dichter – Meineid

9. Relativpronomen: das, die, der
   Possessivpronomen: sein, euer, dein, unser, eurem, mein

Test
Personalpronomen: **fett**
Possessivpronomen: *kursiv*
Relativpronomen: rot
Der Unterricht im antiken Rom, den die meisten Mädchen und Jungen ab dem 7. Lebensjahr besuchten, begann bei Tagesanbruch. Zum Erlernen des Alphabets zeigte *ihr* Lehrer Buchstaben, die **er** aus Holz formte. Manchmal ließ **er** Buchstaben, deren Form schwierig war, auch als Gebäckstücke backen. *Seine* Schüler mussten viel schreiben, und so schimpfte mancher über *seine* Aufgaben. Die Kinder schrieben auf Täfelchen, die mit Wachs beschichtet waren. Mit der spitzen Seite *ihres* Griffels, der aus Metall oder aus Knochen angefertigt war, ritzten **sie** die Buchstaben ein. Wollten **sie** einen Fehler löschen, nahmen sie das Griffelende, welches einen breiteren Rand hatte, und glätteten damit den Wachs.

Auswertung zum Test:
Für jede richtige Markierung erhältst du einen Punkt.
Von insgesamt 14 Punkten hast du .... Punkte erreicht.

Super!	In Ordnung!	Bitte noch einmal üben!
14 bis 12 Punkte	11 bis 8 Punkte	weniger als 8 Punkte

1.

Personal-pronomen	*Possessiv-pronomen*	*Reflexivpronomen (im Dativ)*	*Reflexivpronomen (im Akkusativ)*
ich	mein	mir	mich
du	dein	dir	dich
er	sein	sich	sich
sie (Sg.)	ihr	sich	sich
wir	unser	uns	uns
ihr	euer	euch	euch
sie (Pl.)	ihr	sich	sich

Seite 73

2. a) Wir bauen uns ein neues Haus.
   b) Das Kind bedankt sich für die Geschenke.
   c) Was wünschst du dir zum Essen?

Seite 74

3. a) Du ziehst ~~dir~~ für die Reise an. dich
   b) Ihr freut ~~mich~~ über den Sieg. euch
   c) Die Senatoren unterhalten ~~mir~~ auf dem Forum Romanum. sich

4. a) Wir kämmen uns.
   b) Sie ärgern sich über das schlechte Essen.
   c) Ihr kauft euch einen Tonkrug.
   d) Erinnern sich die Kinder daran?

5. a) mein – euer – jener – dein
   b) du – es – ihr – ich
   c) uns – mich – mein – dich

6. a) „jener" ist ein Demonstrativpronomen. b) „ihr" ist ein Possessivpronomen.
   c) „mein" ist ein Possessivpronomen.

7. a) Das Forum Romanum kann man sich als großen Marktplatz vorstellen. Dieser Platz lag im Zentrum Roms.
   b) „Panem et circenses" – Brot und Spiele für das Volk. Solche Vergnügungen gab es nur im antiken Rom.

Seite 75

8. a) bestimmter Artikel, b) Relativpronomen, c) Demonstrativpronomen, d) Demonstrativpronomen, e) bestimmter Artikel, f) Relativpronomen

Test

Diese (Demonstrativp.) Hochzeitszeremonie der römischen Paare, deren (Relativp.) Eltern oftmals schon im frühen Kindesalter die Ehe arrangiert hatten, fand im Haus der Braut statt. Ihre (Possessivp.) Eltern hatten auch das Festmahl auszurichten, das (Relativp.) bis tief in die Nacht dauerte. Anschließend mussten sich (Reflexivp.) die Brautleute den symbolischen Brautraub gefallen lassen. Sie (Personalp.) wurde, wie rituell vorgeschrieben, von ihm (Personalp.) in ihr (Possessivp.) zukünftiges Heim überführt, wobei sie

(Personalp.) symbolisch aus den Armen ihrer (Possessivp.) Mutter gerissen wurde. Diese (Demonstrativp.) sollte sich (Reflexivp.) keine Sorgen machen. Deshalb wurde die Braut von denjenigen (Demonstrativp.) begleitet, die (Relativp.) solche Rituale liebten. Diese (Demonstrativp.) Hochzeitsgäste, die (Relativp.) Hochrufe wie „Es (Personalp.) lebe das Brautpaar" und zünftige Lieder auf jenes (Demonstrativp.) junge Paar zum Besten gaben, brachten die junge Gattin zum Haus ihres (Possessivp.) Mannes. Hier bestrich sie (Personalp.) dessen (Demonstrativp.) Türpfosten mit Fett und war fortan Herrin des Haushaltes.

Auswertung zum Test:
Für jedes richtig markierte Pronomen erhältst du einen Punkt, für jede richtige Bestimmung einen weiteren.
Von insgesamt 40 Punkten hast du .... Punkte erreicht.

Super!	In Ordnung!	Bitte noch einmal üben!
40 bis 33 Punkte	32 bis 21 Punkte	weniger als 21 Punkte

Seite 76

1. a) womit – weshalb –wie – wer
   b) weshalb – was – warum – weswegen
   c) wo – womit – welcher – warum
   d) wessen – wie – wann – wodurch
   e) warum – wem – wann – wie viel

Seite 77

2. a) Wer war der höchste römische Gott? (Jupiter)
   b) Was war das Forum Romanum? (ein politisches Zentrum)
   c) Welcher Römer ist der Namensgeber für den späteren Herrschaftstitel „Kaiser"? (Cäsar)
   d) Wer wurde der Sage nach von seinem Bruder getötet? (Remus)
   e) Was meint der Spruch „panem et circenses"? (Brot und Spiele)
   f) Wer steckte Rom in Brand? (Nero)
   g) Wer lebte nicht im antiken Rom? (Casanova)
   h) Was wurde im Circus Maximus veranstaltet? (Wagenrennen)

3. a) Wem gehört diese Villa?
   b) Weshalb hast du nicht gewartet?
   c) Wann beginnen die Wagenrennen?
   d) Welche Fische leben im Mittelmeer?
   e) Was für ein Theaterstück wird heute gespielt?
   f) Womit kann ich dir helfen?
   g) Wessen Kind hat den Tonkrug zerbrochen?
   h) Wer regiert denn gerade in Rom?

Seite 78

4. a) er – einige – euch – mir – zwanzig
   b) viele – mich – wer – deren – die
   c) wem – heute – dieser – sich – man
   d) dessen – uns – sämtliche – du – es

5. a) Jeden Morgen schaut sich Titus um. Indefinitpronomen
   b) Er lobt seinen Sklaven: Possessivpronomen
   c) „Das freut mich sehr." Personalpronomen
   d) Dieser Stoff gefällt Titus gut. Demonstrativpronomen
   e) Welches Muster ist am schönsten? Interrogativpronomen
   f) Hier ist die Tunika, die ich gestern gekauft habe. Relativpronomen

6. a) Wer hat das Loch denn ausgehoben? Interrogativpronomen
   b) Wer da rauskommt, muss Flügel haben. Indefinitpronomen
   c) Wer ist denn hineingestürzt? Interrogativpronomen
   d) Wer anderen eine Grube gräbt, fällt selbst hinein. Indefinitpronomen

7. a) „Was ist denn das für eine Brücke?" Interrogativpronomen
   b) „Man nennt sie Aquädukt. Sie transportiert Wasser zu uns in die Stadt, was für uns überlebenswichtig ist. Relativpronomen
   c) Die Leitung muss ein leichtes Gefälle aufweisen, was einen enormen Planungsaufwand bedeutet." Relativpronomen
   d) Was für eine tolle Erfindung! Interrogativpronomen

8. a) rückbezügliches Fürwort = Reflexivpronomen Seite 79
   b) persönliches Fürwort = Personalpronomen
   c) fragendes Fürwort = Interrogativpronomen
   d) besitzanzeigendes Fürwort = Possessivpronomen
   e) unbestimmtes Fürwort = Indefinitpronomen
   f) hinweisendes Fürwort = Demonstrativpronomen
   g) bezügliches Fürwort = Relativpronomen

Test

Niemand wollte den großen Sklavenmarkt verpassen. Alle hatten sich schon lange darauf gefreut, und man sprach seit Tagen von nichts anderem. Was werden die Sklaven kosten? Welcher Händler wird den höchsten Preis erzielen? Wann beginnt die Veranstaltung endlich? Wo werden die kräftigsten Sklaven angepriesen? Manche Käufer waren von weit angereist, und sämtliche Unterkünfte Roms waren ausgebucht. Jeder wollte mit einem neuen Sklaven heimkehren. Wessen Sklave war wohl der profitabelste? War der Sklave ein Kriegsgefangener oder wurde er aufgrund seiner Schulden in die Sklaverei getrieben? Einige kauften sogar ein paar Sklaven, sodass die Sklavenhändler mit vielen Silberstücken heimkehrten. Manche der Sklaven hatten Glück. Sie wurden als Hauslehrer für reiche Patrizierkinder gekauft. Aber welche wurden dafür auserkoren? Was geschah mit den anderen Sklaven? In Rom wurden sie meist Haussklaven, die für das Kochen, Waschen und Putzen verantwortlich waren. Wer allerdings Feldsklave wurde, hatte ein hartes Leben vor sich.

Auswertung zum Test:

Für jede richtige Unterstreichung erhältst du einen Punkt.
Von insgesamt 15 Punkten hast du .... Punkte erreicht.

Super!	In Ordnung!	Bitte noch einmal üben!
15 bis 12 Punkte	11 bis 8 Punkte	weniger als 8 Punkte

Seite 80

1. Paar, meistens, wenige, hoch, Siegerin, fünfzig, völlig, viereinhalb, manche, jemals, zweitausend, groß, Viertel, zweimal, kräftig, täglich, müde, Milliarde, vermögend

2. a) Rom ist auf sieben Hügeln gebaut. Kardinalzahl
   b) Kaiser Augustus war erste römische Kaiser. Ordinalzahl
   c) Zwischen Karthago und dem Römischen Reich gab es drei große Punische Kriege. Kardinalzahl

Seite 81

3. bestimmte Numeralia: die Hälfte – drei Viertel – fünf – ein Dutzend – zweitausend – drei Millionen
   unbestimmte Numeralia: vereinzelte – ein Bruchteil – wenige – viele – die meisten – alle (ob „vereinzelte" oder „ein Bruchteil" größer ist, ist nicht eindeutig zu klären)

Test
Kardinalzahl: rot unterstrichen
Ordnungszahl: rot markiert
Unbestimmtes Numerale: dunkelblau unterstrichen

Pompeji ist eines der vielen Touristenattraktionen Italiens, liegt auf dem vierzigsten Längengrad und ist ca. neun Kilometer von Neapel sowie ungefähr siebenhundert Meter vom Meer entfernt. Diese Stadt wurde in seiner etwa siebenhundertjährigen Geschichte von zahlreichen Völkern, wie z. B. den Griechen, Etruskern und Römern, bewohnt. Pompeji liegt am Rande eines eintausenddreihundert Meter hohen Vulkans, der Vesuv genannt wird. Beim Ausbruch dieses Berges im Jahre 79 n. Chr. wurde die Stadt vollständig verschüttet und mehrere Jahrhunderte lang völlig vergessen. Im achtzehnten Jahrhundert entdeckten Archäologen bei Grabungen das antike Städtchen und damit begann die zweite Geschichte dieser Stadt, da sie jedes Jahr unzählige Urlauber besuchen.

Auswertung zum Test:
Für jede richtige Markierung erhältst du einen Punkt.
Von insgesamt 14 Punkten hast du .... Punkte erreicht.

Super!	In Ordnung!	Bitte noch einmal üben!
14 bis 12 Punkte	11 bis 8 Punkte	weniger als 8 Punkte

Seite 83

1. a) oben – unten; b) nirgendwo – überall; c) immer – nie; d) abwärts – aufwärts; e) innen – außen; f) rückwärts – vorwärts; g) abends – morgens; h) oft – selten

2.

temporal	*kausal*	*lokal*	*modal*
(Zeit)	*(Grund)*	*(Ort)*	*(Art und Weise)*
Wann? Wie oft?	Warum?	Wo? Wohin?	Wie?
manchmal	deswegen	oben	alleine

abends	somit	draußen	völlig
gelegentlich	dennoch	überall	
sofort		nirgends	
bald			

3. ohne dass – indem – dass – sodass – deswegen – sondern – folglich – daher – dennoch – weil – trotzdem – dann – oft – obgleich – damit – während – so – obwohl – und – darum – denn – als Seite 84

4. größten – Adjektiv; stets – Adverb; deswegen – Adverb; logisch – Adjektiv; damals – Adverb; flugs – Adverb; heute – Adverb; sprachlichen – Adjektiv; rückgängig – Adjektiv; heutigen – Adjektiv; groß – Adjektiv; viele – Adjektiv; verschiedene – Adjektiv; oft – Adverb

5. Die Friedenspfeife ist noch heute ein bekanntes Symbol für eine Streitschlichtung bei den Indianern. Oft wurden während des Stopfens der Pfeife angenehm riechende Kräuter verbrannt. Dadurch sollten böse Geister verjagt und außerdem positive Energien angezogen werden. Die heilige Pfeife wird dann von Norden nach Süden und von Osten nach Westen durch den Rauch gezogen und im Uhrzeigersinn in alle Himmelsrichtungen gehalten. Endlich wird sie angezündet und wieder im Uhrzeigersinn durch den Kreis der Versammelten gereicht.

6. a) Woraus sind die Tipis hergestellt? Seite 85
   b) Wann wandern die Büffelherden?
   c) Womit jagten die Indianer ursprünglich?
   d) Wo wohnte der Indianerstamm der Apachen?
   e) Weswegen/Warum mussten viele Indianer ihr Land verlassen?
   f) Woher kamen viele weiße Siedler?
   g) Wodurch entstand ein verfälschtes Bild vom Wilden Westen?

7. Zu unterstreichen waren: heute, oft, immer, stets, nie, gelegentlich, zuerst, sooft

8. a) Die Indianer versammeln sich abends am Lagerfeuer. Wann versammeln sie sich? Seite 86
   b) Der Schakal saß oben auf dem Bergrücken. Wo saß er auf dem Bergrücken?
   c) Als der Indianerjunge sich verletzte, kam der Schamane eilends angelaufen. Wie kam er angelaufen? d) Obwohl die Friedenspfeife geraucht wurde, kam es trotzdem zum Krieg. Warum kam es zum Krieg? e) Das Indianermädchen spielt gern mit den Glasperlen. Wie spielt sie mit den Glasperlen?

9. Beispiellösung
   Dem Indianerjungen, der heimlich die Friedenspfeife geraucht hatte, wurde bald schlecht.
   Der Häuptling musste lachen, denn so hatte er es damals auch gemacht.
   Er musste den Jungen dennoch bestrafen.

Seite 87 Test

Rauchzeichen sind eine einfache Form, um sich gelegentlich über weite Strecken hinweg verständigen zu können. Sie sind durch die Anwendung bei den Indianerstämmen Nordamerikas überall bekannt geworden. Um Rauchwolken zu erhalten, wurde dem offenen Feuer tagsüber gerne nasses Gras zugesetzt. Dadurch bildete sich starker Rauch. Die stark qualmende Feuerstelle wurde sofort mit einer Decke abgedeckt. Der sich sammelnde Rauch wurde in bestimmten Abständen freigesetzt und stieg aufwärts in den Himmel. Deswegen entstanden Zeichenfolgen von „*Rauch*“ und „*Nichtrauch*“. Folglich konnten Eingeweihte diesen Abfolgen, ähnlich wie beim Morsen, unterschiedliche Bedeutungen zuteilen. Unterscheidungsmerkmale waren genauso die unterschiedliche Größe der einzelnen Wolken sowie deren Farbe. Letzteres konnte größtenteils durch die Wahl der rauchbildenden Feuerbeigaben beeinflusst werden. Hier und heute werden Rauchzeichen immer noch mittels Signalpistolen abgegeben.

lokal	*temporal*	*modal*	*kausal*
überall	gelegentlich	gerne	dadurch
aufwärts	tagsüber	genauso	deswegen
hier	sofort	größtenteils	folglich
	heute		
	immer noch		

Auswertung zum Test:

Für jedes richtig unterstrichene Adverb erhältst du einen Punkt. Auch für jede richtige Einsortierung in die Tabelle gibt es einen Punkt.

Von insgesamt 28 Punkten hast du .... Punkte erreicht.

Super!	In Ordnung!	Bitte noch einmal üben!
28 bis 23 Punkte	22 bis 15 Punkte	weniger als 15 Punkte

Seite 89

1. a) während (unterordnend) b) obwohl (unterordnend)
   c) denn (nebenordnend) d) indem (unterordnend)
   e) aber (nebenordnend)

2. a) als b) weil
   c) um d) bis

3. a) Die Indianermütter hatten ihre Babys immer bei sich, da/weil sie ihre Babys in Wiegebrettern auf dem Rücken trugen.
   b) Indianerkinder hießen oft „Starker Bär“, weil/da/sofern sie nach Tieren benannt wurden.
   c) Die Indianermädchen gingen nicht zur Schule, sondern/denn sie halfen der Mutter.

4. Die Frauen organisierten sowohl den Aufbau als auch den Abbau ihrer Tipis. Die großen Zelte wurden mithilfe von Holzstangen aus Kiefern- oder Fichtenholz und Bisonhäuten aufgebaut. Das Zelt war nicht vollständig geschlossen, sondern hatte oben eine Öffnung. Seite 90

5. Die Prärieindianer folgten den Bisonherden, denn sie jagten diese Tiere. Sie zerlegten zahlreiche dieser Tiere, aber sie rotteten die Herden nicht aus. Die Bisons lieferten den Indianern das Fleisch als Nahrung, und aus ihren Häuten machten sie Leder. Dieses Leder wurde zum Bau der Tipis oder zur Anfertigung ihrer Kleidung genutzt. Während man vor zweihundert Jahren in Europa seine Kleidungsstücke käuflich erwerben konnte, war dies bei den Prärieindianer nicht möglich. Sie konnten ihre Alltagsgegenstände nicht kaufen, sondern mussten sie sich selbst herstellen, sodass die Kleidungsstücke meist aus Leder genäht und individuell kunstvoll verziert waren. Falls man Perlen besaß, wurden diese auf das Hemd gestickt, damit das Kleidungsstück schöner aussah. Obwohl Bisonfelle oftmals vorhanden waren, erlegte man für die Anfertigung eines Hemds eine Antilope, da ihr Fell wesentlich weicher war. Wenn es kalt wurde, legten sich die Indianer Felle aus Bisonhäuten um.

Test Seite 91

Um mit einem anderen Indianerstamm Frieden zu schließen, rauchten die Indianer gemeinsam das Kalumet, die Friedenspfeife.
Sitting Bull wurde Häuptling der Sioux-Indianer, weil/da er sich als Medizinmann bewährt hatte.
Während die Jungen die Fähigkeiten eines Jägers und Kriegers von den Vätern erlernten, wurden die Mädchen von den Müttern im Haushalt angelernt.
Sie benutzten ein Travois, eine Art Schlitten, damit ihre Tipis transportiert werden konnten.
Trotz der unterschiedlichen Aufgaben arbeiteten alle Indianer zusammen. Obwohl sie unterschiedliche Arbeiten hatten, ...
Ein Indianerbaby sollte möglichst nicht weinen, da/weil es Feinde auf den Stamm aufmerksam machen konnte.
Man erhält den süßen Saft des Zuckerahornbaums, indem man seine Rinde anritzt.

<u>Auswertung zum Test:</u>
Für jede richtige Satzverknüpfung erhältst du einen Punkt. Deine Sätze können anders sein. Prüfe dich kritisch.
Von insgesamt 7 Punkten hast du .... Punkte erreicht.

Super!	In Ordnung!	Bitte noch einmal üben!
7 bis 6 Punkte	5 bis 4 Punkte	weniger als 4 Punkte

1. a) Er trägt ihn auf dem Kopf. b) Er hält es in der linken Hand. Seite 92
c) Es ist in der rechten Hand. d) Er trägt es vor dem Gesicht.
e) Er befindet sich am (= an dem) Unterschenkeln.
f) Er ist am linken Arm. g) Er kämpft in der Arena.

2. denken an, achten auf, sich ärgern über, sich verlassen auf, sich wenden an, suchen nach

Seite 93

3. vergleichbar mit ...; verantwortlich für ...; stolz auf ...; bereit für ...; neugierig auf ...; fern von ...; zufrieden mit ...

4. Ich achte auf meine Ernährung.
Er ärgert sich über die verlorene Münze.
Wir verlassen uns auf deine Hilfe.
Sie lacht über seine Witze.
Wendet euch an diesen Herrn dort.
Sie kümmern sich um den Verletzten.
Ich frage nach dem Weg.
Es handelt sich um eine ernste Sache.

Seite 94

5. „Gladius“ heißt im (Präp.) Lateinischen das Schwert. Deshalb (Adv.) wurden die Berufskämpfer, deren Ausbildung sehr (Adv.) viel Geld kostete und (Konj.) die bei (Präp.) öffentlichen (Adj.) Veranstaltungen für (Präp.) Aufsehen sorgten, Gladiatoren genannt. Der Kampf der Gladiatoren gegeneinander (Adv.) wird als Gladiatur bezeichnet, wobei (Adv.) der Kampf kein wildes Handgemenge darstellte, sondern (Konj.) ein höchst (Adv.) komplizierter, genauen Regeln unterworfener (Adj.) Kampfsport war. Bevor der Kampf begann, marschierten alle Teilnehmer in die Arena, um sich dem Publikum zu präsentieren. Nach (Präp.) der Präsentation kehrten sie in die Katakomben zurück, da in (Präp.) der Regel nur zwei Gladiatoren gleichzeitig (Adj.) miteinander (Adv.) kämpften. Der Zweikampf wurde beendet, indem (Konj.) einer der beiden Kontrahenten getötet wurde oder der Unterlegene aufgab und begnadigt wurde.

6. Gaius Julius Cäsar war zum Alleinherrscher Roms aufgestiegen und hatte sich damit nicht nur Freunde gemacht. Am 15. März des Jahres 44 v. Chr. versammelte sich der Senat Roms im Saal des Pompeiustheaters. Cäsar wolllte nicht ins Theater gehen. Doch Cäsars Vertrauter Brutus führte ihn hinters Licht und überredete den Herrscher schließlich zur Teilnahme beim Treffen des Senats. Einige Senatoren zogen unerwartet ihre Dolche und stachen zu. Auch vom Messer seines Ziehsohns Brutus durchbohrt, starb der mächtigste Mann Roms. Ans Verbrechen erinnert noch heute Cäsars berühmt gewordenen Satz: „Auch du, Brutus?“

Seite 95

Test

Wegen (k) der großen Hitze wurden die Gladiatoren erst um (t) fünf Uhr am (t) Nachmittag in (l) die unterirdischen Katakomben des Kolosseums gebracht. Am (t) Anfang herrschte unter (l) den Kämpfern eine angespannte Stimmung. Jeder wusste, dass es um (m) sein Leben ging. Alle wurden mit (m) schweren Waffen ausgerüstet. Neben (m) dem Schwert waren auch die Axt und das Netz beliebte Waffen. Nachdem der Kampf begonnen hatte, ließen sich die Gladiatoren von (m) der begeisterten Menschenmenge mitreißen und kämpften trotz (k) ihrer Bedenken ohne (m) Rücksicht auf (m) Verluste. Aufgrund (k) der Aussicht, die Freiheit zu erlangen, kämpften die Gladiatoren besonders motiviert.

Auswertung zum Test:
Für jedes richtig eingesetzte Wort erhältst du einen Punkt. Für jede richtige Entscheidung zur Art der Präposition erhältst du einen weiteren Punkt.
Von insgesamt 26 Punkten hast du .... Punkte erreicht.

Super!	In Ordnung!	Bitte noch einmal üben!
26 bis 22 Punkte	21 bis 14 Punkte	weniger als 14 Punkte

1. Die meisten Römer hatten kein fließendes Wasser und gingen deshalb außer Haus (Akkusativ) zur täglichen Körperpflege (Dativ) ins öffentliche Bad (Akkusativ). In der Therme (Dativ) wuschen sie sich mit warmem Wasser (Dativ) und ließen sich abseits des Trubels (Genitiv) durch einen Masseur (Akkusativ) verwöhnen. Beim Toilettengang (Dativ) saßen sie in einer Reihe (Dativ), verrichteten ihr Geschäft und unterhielten sich beispielsweise über die letzten blutigen Fechterspiele (Akkusativ). Seite 97

2. Die Herrin des Landhauses ärgert sich über den Sklaven, da er ihr nicht bei der Küchenarbeit helfen kann. Der neue Sklave hat Angst vor seiner Herrin, da diese zu großen Wutausbrüchen neigt.

Test
In ihrer Freizeit wollten die Römer Spaß. Die Veranstaltungen mit blutigen Kämpfen und vielen Zuschauern liebten sie sehr. Auf großen Rennstrecken, dem sogenannten Circus Maximus, fanden die Wagenrennen statt. Ein Fahrer stand in/auf jedem Wagen und hielt die Zügel von vier eingespannten Pferden fest, die man auch Quadriga nannte. Wegen der Anzahl der Pferde konnten die Gespanne binnen kurzer Zeit ein hohes Tempo vorlegen und parierten auch in den Kurven ohne Mühe.

Auswertung zum Test:
Für jede richtige Korrektur erhältst du einen Punkt.
Von insgesamt 9 Punkten hast du .... Punkte erreicht.

Super!	In Ordnung!	Bitte noch einmal üben!
9 bis 8 Punkte	7 bis 5 Punkte	weniger als 5 Punkte

1. a) Autsch, das tut weh! b) Hä, wieso das denn? c) Bäh, schon wieder Bisonfleisch! d) Ach, wenn du wüsstest! e) Oje, das wird ein harter Winter! Seite 98

2. Beispiellösung
   Ekel: bäh, igitt, pfui, würg; Freude: hurra, jippi, juche, bravo; Schmerz: aua, autsch, ah, uh; Bedauern: oje, auweh, herrje, herrjemine

3. a) Tschüss, bis morgen. b) Brr, ist das kalt hier. c) Ratsch, ging ein Riss durch ihr Kleid. Seite 99

4. Feuerwehr: tatütata; Uhr: ticktack; Niesgeräusch: hatschi; Türglocke: klingeling; Schnappschloss: klick; Besetztton: tütüt; Schere: schnippschnapp; Säge: ritzeratze

5. Sie werden bei Comics oder beim Schreiben von Dialogen verwendet.

Test

(1) Präposition, (2) Ordinalzahl, (3) Verb (Partizip II), (4) Possessivpronomen, (5) Demonstrativpronomen, (6) Relativpronomen, (7) Präposition, (8) Interjektion, (9) Adjektiv, (10) Personalpronomen, (11) Nomen, (12) Interjektion, (13) unterordnende Konjunktion (konsekutiv), (14) Reflexivpronomen

Auswertung zum Test:

Für jede richtige Bestimmung erhältst du einen Punkt.
Von insgesamt 14 Punkten hast du .... Punkte erreicht.

Super!	In Ordnung!	Bitte noch einmal üben!
14 bis 12 Punkte	11 bis 8 Punkte	weniger als 8 Punkte

Seite 100

1. a) malochen – schuften – arbeiten – ~~verköstigen~~ – ackern
   b) schlendern – ~~probieren~~ – marschieren – schlittern – stolzieren
   c) schlemmern – ~~decken~~ – schlürfen – kosten – verschlingen
   d) ~~anrufen~~ – schreiben – kritzeln – malen – skizzieren
   e) starren – blicken – schauen – ~~kitzeln~~ – sehen

2. a) stammeln – stottern; b) meckern – schimpfen; c) klagen – jammern; d) petzen – verraten; e) angeben – prahlen (oder: bekanntgeben)

3. langweilig: öde, fad, unspektakulär, uninteressant, einschläfernd
   interessant: fesselnd, packend, spannend
   teuer: kostspielig, unerschwinglich, wertvoll, kostbar

Seite 101

4.

Z	W	E	R	G	E	N	H	A	F	T	M	I
I	N	T	I	E	R	H	S	C	H	A	U	H
E	I	W	G	R	T	B	C	H	A	P	T	G
R	T	Z	W	I	B	C	H	O	E	R	I	K
L	P	D	Y	N	L	Z	M	I	P	Z	A	E
I	P	A	S	G	U	S	A	S	N	H	E	K
C	M	I	N	I	M	A	L	I	E	J	Ö	L
H	A	E	O	N	G	A	W	K	N	A	P	P

Test

Eichhörnchen – klettern, Hase – hoppeln, Schmetterling – flattern, Ameise – krabbeln, Maus – trippeln, Adler – kreisen, Käfer – laufen, Schnecken – kriechen, Storch – schreiten, Pferd – galoppieren, Schlange – schlängeln, Qualle – schweben, Ente – watscheln, Schwan – gleiten, Elefant – marschieren, Jaguar – schleichen, Zebra – traben, Fisch – schwimmen, Königsreiher – stolzieren, Grashüpfer – hüpfen

Auswertung zum Test:
Für jedes richtige Verb erhältst du einen Punkt.
Von insgesamt 20 Punkten hast du .... Punkte erreicht.

Super!	In Ordnung!	Bitte noch einmal üben!
20 bis 17 Punkte	16 bis 11 Punkte	weniger als 11 Punkte

1. beschreiben, vorschreiben, ausschreiben, anschreiben, aufschreiben, umschreiben, mitschreiben, verschreiben, unterscheiben, abschreiben, nachschreiben, rechtschreiben, Rechtschreibung, Rechtschreibreform, Schreibbild, Schreibart, Schreibtisch, Schreibkraft, Schreibung, Schreibweise, die Schreibe, Schreibstoff, Schreiber, schreibfaul, Schreiberling, das Schreiben, Beschreibung, Umschreibung, schreibgewandt, schriftlich, Schriftlichkeit, beschriften, Schriftart, Schriftsatz, Schriftsprache, Mitschrift, Vorschrift, Anschrift, Aufschrift, Schriften, Schönschrift, Abschrift, Nachschrift, Unterschrift, geschrieben, vorgeschrieben, angeschrieben, unterschrieben, abgeschrieben, nachgeschrieben, beschrieben, mitgeschrieben, verschrieben, umgeschrieben ... Seite 102

2. 1. ERLEBNIS; 2. HOCHLEBEN; 3. LANGLEBIG; 4. LEBENSBUND; 5. LEBENSWICHTIG; 6. DOPPELLEBEN; 7. LEBEMANN; 8. LEBENSENDE; 9. LEBENDIGKEIT; 10. VERLEBEN; 11. LEBLOS; 12. LEBENSLAUF Seite 103

3. Lehre, Lehrer, Lehrerin, Lehrbuch, Lehrstunde, Lehrplan, Lehrsatz, Lehramt, Lehrauftrag, Lehrberuf, Lehrstelle, Lehrbrief, Lehrfilm, Lehrgeld, Lehrjahr, Lehrzeit, Lehrkraft, Lehrjunge, Lehrling, Gelehrter, lehrreich, lehrwillig, gelehrig, lehrhaft, gelehrsam, lehren, belehren ...

4. Wortstamm geh/gang: Spaziergang, Ausgang, eingegangen, vorgehen, Vorgänger Seite 104
Wortstamm sag: sagenhaft, Versager, angesagt, Aussage, Sage
Wortstamm kauf/käuf: Einkäufer, verkaufen, käuflich, Kaufhaus, Einkaufszettel
Wortstamm sprech/sprach: aussprechen, Geheimsprache, zweisprachig, Sprecherin, Aussprache
Unpassende Wörter: reden, Auswahl, Versehen, bezahlen, neidisch

5. Beispiellösung
   a) reden: redegewandt, Rede, redselig, bereden, Redefluss ...
   b) Auswahl: auswählen, wählerisch, Wahl, Wähler, Wahlurne, verwählen ...
   c) Versehen: sehen, Fernseher, Sehweise, Aussehen ...
   d) bezahlen: Zahl, zählen, Zahltag, Bezahlung ...
   e) neidisch: Neid, beneiden, Neidhammel ...

6.

Verkehr	freundschaftlich	zerkleinern
Kehrtwende	befreundet	kleinlich
Kaminkehrer	unfreundlich	klitzeklein
umgekehrt	Freundschaft	Kleinkind

Kehrmaschine	Duzfreund	kleinlaut
verkehrt	anfreunden	Hühnerklein
umkehren	Freundchen	Kleinigkeit
Kehraus	Busenfreundin	verkleinert
Kehrblech	Freundschaftsspiel	kleinkariert

Seite 105 Test

Nomen	*Verben*	*Adjektiv*
die Aussage	aussagen	aussagekräftig
der Geschmack	schmecken	schmackhaft, geschmacklos
die Größe	vergrößern	groß
das Getränk, der Trunk	trinken	trinkbar
die Farbe	färben	farblos, farbig
die Feier	feiern	feierlich
die Verbindung	verbinden	(un-)verbindlich
die Feuchtigkeit	befeuchten	feucht
die Erklärung	erklären	erklärbar, unerklärlich
die Hilfe	helfen	hilflos, behilflich
der Stich	stechen	bestechlich
der Trost	trösten	untröstlich, trostlos
die Entscheidung, der Schiedsrichter	entscheiden	unentschieden
die Fremde	fremdeln	fremd
das Wunder	verwundern, wundern	wunderbar, verwunderlich
die Dunkelheit	verdunkeln	dunkel
die Schärfe	verschärfen	scharf
der Biss	beißen	verbissen
der Schlaf	schlafen	schlaflos
der Ärger, das Ärgernis	ärgern	arg

Auswertung zum Test:
Für jedes richtig eingesetzte Wort erhältst du einen Punkt.
Von insgesamt 40 Punkten hast du .... Punkte erreicht.

Super!	In Ordnung!	Bitte noch einmal üben!
40 bis 33 Punkte	32 bis 21 Punkte	weniger als 21 Punkte

Kapitel 2: Sätze

1. Viele Jugendliche spielen sehr gerne Fußball. In unserer Jugendmannschaft trainieren Mädchen und Jungen zusammen. Die Schusstechnik unterscheidet sich nicht. Allerdings haben die Jungen oft mehr Kraft. Manche Mädchen sind dafür zäher. Seite 106

2. a) Entscheidungsfrage b) Ergänzungsfrage Seite 107
   c) Ergänzungsfrage d) Entscheidungsfrage
   e) Ergänzungsfrage f) Ergänzungsfrage
   g) Entscheidungsfrage

3. a) Neustadt ist unser nächster Gegner.
   b) Die spielen mit einer Viererkette.
   c) Dieses Mal ist der Rasen besser gepflegt.
   d) Die haben immer noch dieses verrückte Publikum.
   e) Die Flutlichtanlage funktioniert.

Test
Das Fußballspiel dauert 90 Minuten. Wie lange dauert das Fußballspiel?
Meistens fallen nicht mehr als zwei bis drei Tore in einem Spiel. Wie viele Tore fallen meistens in einem Spiel?
Herausragende Fußballer sind in Deutschland schon immer Stars geworden. Werden herausragende Fußballer in Deutschland Stars?
Inzwischen schaffen dies auch viele Fußballerinnen. Wie sieht das bei den Frauen aus?/ Schaffen das inzwischen auch viele Fußballerinnen?
Dies hängt auch mit den großen Erfolgen der Frauennationalmannschaft zusammen. Hängt das mit den Erfolgen zusammen?/Woran liegt das?
Viele Jugendliche werden dadurch motiviert. Welche Folge hat das für die Jugendlichen?/ Werden dadurch Jugendliche motiviert?

Auswertung zum Test:
Für jede richtige Unterstreichung erhältst du einen Punkt. Auch für jede richtige Frage gibt es einen Punkt.
Von insgesamt 12 Punkten hast du .... Punkte erreicht.

Super!	In Ordnung!	Bitte noch einmal üben!
12 bis 10 Punkte	9 bis 7 Punkte	weniger als 7 Punkte

1. Beispiellösung Seite 108
   In der Halbzeitpause ruhen sich die Spieler aus. Ruht euch aus! Ruht euch nicht aus, bleibt unter Spannung!
   Keiner redet. Redet nicht! Redet miteinander!
   Jeder trinkt viel Wasser. Trinkt ordentlich Wasser! Trinkt bloß kein Wasser!
   Manche ziehen die engen Fußballschuhe aus. Zieht die engen Schuhe aus! Lasst die Schuhe bloß an!

Der müde Stürmer klagt über fehlende Unterstützung des Mittelfelds. Beschwere dich ruhig über die fehlende Unterstützung! Klage nicht, hole dir die Bälle selbst!
Die Mitspieler versprechen Hilfe. Versprecht euch Hilfe! Versprecht nicht Hilfe, sondern helft euch!

2. a) Schießt noch ein Tor! Warum schießt ihr nicht noch ein Tor?
   b) Flankt genauer! Wieso flankt ihr nicht genauer?
   c) Zeigt mehr Einsatz! Zeigt ihr mehr Einsatz?
   d) Reißt euch zusammen! Weshalb reißt ihr euch nicht zusammen?
   e) Jammert nicht! Hört ihr auf zu jammern?
   f) Gib öfter ab! Gebt ihr öfter ab?

3. Wirkung der Fragesätze:
   Die Fragesätze sind länger und ungenauer, sie wirken zwar höflich, aber in diesem Zusammenhang auch umständlich.

Seite 109

4. a) Setzt euch für euer Team ein!
   b) Spielt konzentriert!
   c) Zeigt Ballgefühl!
   d) Versucht, die Laufwege eurer Mitspieler zu erahnen!
   e) Übt den rechten Zeitpunkt für einen guten Pass!
   f) Überlegt euch, welche Torecke frei ist, bevor ihr schießt!
   g) Freut euch, jubelt, spielt dann aber konzentriert weiter!
   h) Rückt rechtzeitig aus der Abwehr nach!
   i) Nehmt euren Kopf hoch, wenn ihr lauft!

5. Es müssen alle Verbformen und auch alle im Satz enthaltenen Personalpronomen in den Plural gesetzt werden.

Test

a) Jungen und Mädchen spielen mit Freude Fußball.
   Spielen Jungen und Mädchen mit Freude Fußball?
   Warum spielen Jungen und Mädchen mit Freude Fußball?
   Zeigt den anderen Jungen und Mädchen mehr Freude beim Fußball!
b) Der Ball muss von der Abwehr gesichert werden.
   Sichert die Abwehr den Ball?
   Wie sichert die Abwehr den Ball?
   Sichert als Abwehr den Ball!
c) Der Angriff wagt auch einmal einen Torschuss.
   Wagt der Angriff einen Torschuss?
   Wieso wagt der Angriff keinen Torschuss?
   Wagt als Angriff endlich mal einen Torschuss!
d) Im Fußball werden auch Frauen zu Stars.
   Werden im Fußball auch Frauen zu Stars?
   Wieso werden im Fußball weniger Frauen als Männer Stars?
   Erkennt auch Frauen im Fußball als Stars an!
e) Viele Fans gehen jedes Wochenende ins Stadion.

Gehen die Fans am Wochenende ins Stadion?
Wann gehen die Fans am Wochenende ins Stadion?
Geht als Fans am Wochenende ins Stadion!

Auswertung zum Test:
Für jeden richtigen Satz erhältst du einen Punkt. – Du wirst gelegentlich in Details anders formuliert haben. Prüfe deinen Satz kritisch.
Von insgesamt 20 Punkten hast du .... Punkte erreicht.

Super!	In Ordnung!	Bitte noch einmal üben!
20 bis 17 Punkte	16 bis 11 Punkte	weniger als 11 Punkte

Seite 112

1. Wenn man eine hochklassige Mädchenmannschaft gegen eine niederklassige Jungenmannschaft spielen lässt, gewinnen trotzdem die Jungen. Das zumindest behaupten sehr viele Menschen, obwohl sie vielleicht noch nie ein solches Testspiel gesehen haben. Grundsätzlich kann man aber nicht sagen, dass Frauenfußball unattraktiver als der entsprechende Herrensport ist. Es fallen ebenso interessante Tore, weil die Schusstechnik nicht zu sehr von der Kraft abhängt, was wiederum Mädchen nicht benachteiligt.

2. Obwohl die Fernsehmacher erst skeptisch waren, hat sich die Übertragung der Frauenfußballweltmeisterschaft für die Sender gelohnt. Die Stimmung war super, was natürlich auch an den Fans lag. Weil aber die Teams so großartigen Fußball spielten, war keine große Motivation nötig, was die Stimmung in den Stadien betraf. Es ist eben heutzutage noch nicht selbstverständlich, dass die Leute den Fernseher einschalten, wenn Frauenfußball läuft. Beste Werbung, wie dieser Sommer zeigte, ist aber das Spiel selbst.

3. Beispiellösung
   a) Weil Fußball in Deutschland sehr populär ist, gibt es große Stars wie Franz Beckenbauer.
   b) Frauenfußball bekommt viele Fans, weil Großereignisse, wie die Frauenfußballweltmeisterschaft, stattfinden, sodass tolle Spiele gesehen werden können.
   c) Weil das Fernsehen Frauenfußballspiele überträgt, interessieren sich immer mehr Mädchen für Fußball, weshalb sich das Ganze für alle Seiten lohnt.
   d) Man kann im Frauenfußball sein Geld verdienen, weil er weitaus professioneller geworden ist, sodass große Firmen angelockt werden.
   e) Weil es im Fußball aber eine große Verletzungsgefahr gibt, darf dieses Problem nicht unterschätzt werden.
   f) Obwohl es eine große Begeisterungswelle gibt, ist Vorsicht geboten.

Seite 113

4. Beispiellösung
   a) Franz geht ins Stadion, Klaus geht mit, aber Peter bleibt daheim.
   b) Die beiden Freunde kaufen keine Tröten, denn der Lärm bereitet ihnen Kopfschmerzen.
   c) Sie singen lieber Fußballlieder und reihen sich in den großen Fanchor ein.
   d) Nach dem Spiel freuen sie sich über den tollen Tag, dann fahren sie nach Hause.

Test
a) Hypotaxe
b) Parataxe
c) Hypotaxe
d) Parataxe
e) Hypotaxe

Auswertung zum Test:
Für jede richtige Angabe erhältst du einen Punkt.
Von insgesamt fünf Punkten hast du .... Punkte erreicht.

Super!	In Ordnung!	Bitte noch einmal üben!
5 Punkte	4 Punkte	weniger als 4 Punkte

Seite 115

1. Natürlich darf jeder, der will, im Wald spazieren. Jedoch ist es nicht erlaubt, seltene Pflanzen zu pflücken. Dieses muss nicht geschehen. In heutiger Zeit wird der Naturschutz an Wert gewinnen. Die Menschen würden zu viel Zerstörung nicht verzeihen. Wir sollten versuchen, unsere Kulturlandschaft zu erhalten. Dazu gehört auch ein vorsichtiges Benehmen der Besucher. Sonst ist vielleicht der Staat gezwungen, den Naturpark für Touristen zu schließen.

2. Um naturwissenschaftlich oder kulturell besondere Orte im Wald zu präsentieren, wurden Waldlehrpfade errichtet. Ab den 1960er-Jahren geschieht dies immer häufiger in Deutschland mit dem Ziel, den Besuchern an Stationen Wissen zu vermitteln. Man errichtet Schautafeln, um über Flora, Fauna, Geologie oder Ökologie zu informieren. Um kulturgeschichtliche Aspekte darzustellen, sind sie ebenso geeignet. Manchmal werden auch Einrichtungen dafür aufgestellt, naturkundliche Experimente durchzuführen. Es geht den Machern darum, Wissen verbunden mit Naturerfahrung an die Menschen zu bringen. Gerade die interaktiven Stationen sind geeignet, alle Sinne anzusprechen. So regt der Waldbesuch alle Sinne an, um das Bewusstsein für eine intakte Natur zu schärfen. Um dies noch zu verstärken, setzen manche Forstverwaltungen geschulte Waldführer ein. Auch nutzen manche Schulen diese Angebote, um ihren Unterricht um diese Erfahrungen zu bereichern.

Test

Seite 116

Viele Menschen gehen im Wald wandern. Sie versuchen, gesund zu leben und die saubere Luft zu genießen. Der Wald dient also dazu, sich in der Nähe zu erholen. Die Menschen hören weniger Maschinen knattern, Autos hupen und Türen schlagen. Fernab der Städte wird die Ruhe als erholsam empfunden. Der Körper reagiert und darf sich erholen. Im Wald ist das Klima angenehm. Es lässt sich mit der höheren Luftfeuchtigkeit und der schattigen Kühle gut beschreiben. Es wird versucht, dem Wald eine positive Wirkung auf unsere seelische Verfassung zuzuschreiben und auch eine positive Wirkung auf das menschliche Sozialleben zu bescheinigen. Gerade der gemeinsame Sport hilft, Freunde zu finden. Jogging, Walking oder im Winter Skilanglaufen würde alleine weitaus weniger Spaß machen. Es ist gut, unter Menschen im Wald zu sein.

Auswertung zum Test:
Für jede richtige Infinitivkonstruktion erhältst du einen Punkt. Die Kommas bleiben unberücksichtigt.
Von insgesamt 14 Punkten hast du .... Punkte erreicht.

Super!	In Ordnung!	Bitte noch einmal üben!
14 bis 12 Punkte	11 bis 8 Punkte	weniger als 8 Punkte

Seite 118

1. Wenn Menschen miteinander leben, kommt es auch zum Raub, sodass es Räuber zu allen Zeiten gab. Nachdem schon im alten Ägypten Grabdiebe bekannt waren, ist auch im Alten Testament die Rede vom barmherzigen Samariter. Dieser half einem Menschen, weil jener ausgeraubt werden sollte. Anstatt dass man Jesus freiließ, wurde der Räuber Barrabas begnadigt. Während noch heute Piraten vor Somalia aktiv sind, bekämpften schon die Römer derartige räuberische Flotten. Räuberbanden waren im Mittelalter streng geführt, sodass der Hauptmann nahezu uneingeschränkte Macht über seine Gefolgsleute hatte. Diese waren oftmals Verzweifelte, da sie zuvor meist als Aussätzige, Ausgestoßene oder Vogelfreie lebten. Sie sahen oft keinen anderen Weg des Überlebens. Anstatt dass man ihnen Arbeit gab, verfolgte die Obrigkeit sie. Obwohl man mit der Räuberei eher romantische Geschichten der Kindheit verbindet, handelt es sich natürlich um verbotene Straftaten.

2. 1 Konditionalsatz; 2 Konsekutivsatz; 3 Temporalsatz; 4 Kausalsatz; 5 Adversativsatz; 6 Temporalsatz; 7 Konsekutivsatz; 8 Kausalsatz; 9 Adversativsatz; 10 Konzessivsatz

Seite 119

Test
1 Finalsatz; 2 Konzessivsatz; 3 Modalsatz; 4 Komparativsatz; 5 Kausalsatz; 6 Konsekutivsatz; 7 Modalsatz; 8 Finalsatz; 9 Temporalsatz; 10 Temporalsatz; 11 Modalsatz; 12 Temporal-/Konditionalsatz

Auswertung zum Test:
Für jede richtige Bestimmung erhältst du einen Punkt.
Von insgesamt 12 Punkten hast du .... Punkte erreicht.

Super!	In Ordnung!	Bitte noch einmal üben!
12 bis 10 Punkte	9 bis 7 Punkte	weniger als 7 Punkte

Kapitel 3: Satzglieder

Seite 121

1. Beispiellösung
   Der Spessart ist ein Mittelgebirge in den Bundesländern Hessen und Bayern.
   Die weiteren Möglichkeiten werden in Aufgabe 2 verlangt.

2. [Ein Mittelgebirge] [ist] [der Spessart] [in den Bundesländern Hessen und Bayern].
   [In den Bundesländern Hessen und Bayern] [ist] [der Spessart] [ein Mittelgebirge].

3. a) Drei Flüsse umgeben im Großen und Ganzen den Spessart.
   b) Main, Kinzig und Sinn heißen sie.
   c) Typische, abgerundete Kuppen besitzt das waldreiche Mittelgebirge.
   d) In besiedelten Gebieten werden die Tiefen des Spessarts landwirtschaftlich genutzt.
   e) Im Wesentlichen bedecken Eichen- und Buchenwälder die Höhen.
   f) Zwischen 450 und knapp 600 m beträgt die Höhe der Gipfellagen mit der höchsten Erhebung namens Geiersberg.
   g) Aus Buntsandstein besteht meistens der Untergrund im Spessart.

Seite 122

4. a) Er beherbergt es.
   b) Es wurde dafür genutzt.
   c) Es wurde dabei verschont.
   d) Das liegt daran.
   e) Daneben dient es dafür.
   f) Es lockt sie an.

Seite 123

Test

Der Spessart wurde vor vielen Jahren durch markierte Wanderwege für Touristen erschlossen. Der älteste und bekannteste Wanderweg ist der „Eselsweg“. Heimatforscher nennen solche Wege „Altstraßen“. Der Eselsweg führt über den Hauptkamm des Spessarts. Mittelalterliche Eselskarawanen gaben dieser Straße den Namen. Der Fernwanderweg ist mit einem schwarzen „E“ auf den Schildern markiert. In beschaulicher Einsamkeit kann der Spessart auf diese Art durchwandert werden. Ortsdurchquerungen werden vermieden.

Ersatz des jeweils ersten Satzglieds

Er wurde vor vielen Jahren durch markierte Wanderwege für Touristen erschlossen. Es ist der „Eselsweg“. Sie nennen solche Wege „Altstraßen“. Er führt über den Hauptkamm des Spessarts. Sie gaben dieser Straße den Namen. Er ist mit einem schwarzen „E“ auf den Schildern markiert. So kann der Spessart auf diese Art durchwandert werden. Sie werden vermieden.

Auffälligkeiten: Der Text kann durch den Anschluss mit Pronomen stilistisch besser werden, weil er Doppelungen vermeidet. Allerdings geht dieses nur, wenn sich die ersten Wörter auf den Satz davor beziehen. Sonst herrscht Verwirrung, weil nicht klar ist, was gemeint wird.

Auswertung zum Test:

Für jede richtige Unterstreichung eines Satzgliedes erhältst du einen Punkt. Einen weiteren Punkt bekommst du für jeden richtigen Ersatz eines Satzgliedes.
Von insgesamt 41 Punkten hast du .... Punkte erreicht.

Super!	In Ordnung!	Bitte noch einmal üben!
41 bis 34 Punkte	33 bis 21 Punkte	weniger als 21 Punkte

Seite 124

1. In sehr vielen Kulturen finden Feierlichkeiten zur Begrüßung des Frühlings statt. Oftmals heißen sie Frühlingsfest. Wegen des milderen Wetters sind diese besonders

in den gemäßigten Klimaregionen verbreitet. Auch bei den Osterbräuchen finden sich Frühlingselemente. Diese symbolisieren die mit dem Wiedererwachen der Natur verbundene Fruchtbarkeit. Das bekannteste Bild dafür ist der Osterhase. Noch deutlicher wird dieser Zusammenhang in den Ostereiern verdeutlicht.

2. Beispiellösung Seite 125
   a) Er ruft: „Juhu! Es ist endlich Frühling."
   b) Sonnenschein bedeutet Glücklichsein.
   c) Nach dunklen Tagen kann man wieder raus ans Licht.
   d) Die Eisdielen sind geöffnet.
   e) Die Fußgängerzonen füllen sich.

Test
Im Frühling wird als „fünfte Jahreszeit" in vielen Regionen Fasching gefeiert. Dieser Brauch nennt sich mancherorts auch Karneval oder Fastnacht. In der Zeit vor dem christlichen Fest Aschermittwoch wird mit großer Lebensfreude gefeiert. Das ist mit großer Ausgelassenheit und Fröhlichkeit verbunden. Übertreiben es da manche Menschen? Passt mal besser auf! Alle feiern gerne. Das ist auch jedem gegönnt. Nur muss selbst dieser Spaß auch einmal enden. Faschingsbräuche haben je nach Region spezielle Eigenarten. Das verbindet sich oft mit einer Kritik an den Mächtigen. Dennoch ist hier viel Liebe zur Heimat enthalten. Findest du das alles gut? Entscheide selbst!

Auswertung zum Test:
Für jeden Satz, in dem du alles richtig markiert hast, erhältst du einen Punkt.
Von insgesamt 14 Punkten hast du .... Punkte erreicht.

Super!	In Ordnung!	Bitte noch einmal üben!
14 bis 12 Punkte	11 bis 8 Punkte	weniger als 8 Punkte

1. a) Die Knospen öffnen sich. Seite 126
   b) Die Natur erwacht.
   c) Die Kinder freuen sich.

2. a) Bei manchen Gelegenheiten taucht auch das Wort Frühjahr auf. Seite 127
   b) Dass der Frühling eine von vier Jahreszeiten ist, muss nicht erklärt werden.
   c) Das ist jedem Kind bekannt.
   d) Er gilt als die Zeit der erwachenden Natur.

Test
Wohl mit der steigenden Helligkeit im Frühling verbessert sich das allgemeine Befinden der Menschen. Dies bewirkt oft eine bessere Laune. Auch ist der Wunsch nach trauter Zweisamkeit dann bei vielen Menschen größer. Dies liegt an der verstärkten Ausschüttung von Hormonen. Zumindest behaupten das manche Menschen. Einen wissenschaftlichen Beweis erbrachte dafür noch niemand. Möglicherweise entstehen diese Frühlingsgefühle eher wegen der leichteren Kleidung der Menschen. Diese wirken natürlich sehr

reizend auf andere Personen. Manche Menschen fühlen dagegen eine Frühlingsmüdigkeit. Ein Grund ist das Schlafhormon Melatonin. Dieses beeinflusst uns noch sehr stark. Auch hierbei weiß niemand die genaue Ursache.

Auswertung zum Test:
Für jedes richtig eingesetze Verb und für jede richtige Unterstreichung erhältst du einen Punkt.
Von insgesamt 23 Punkten hast du .... Punkte erreicht.

Super!	In Ordnung!	Bitte noch einmal üben!
23 bis 19 Punkte	18 bis 12 Punkte	weniger als 12 Punkte

Seite 128

1. a) Den Sommer lieben alle Kinder.
   b) Manchmal findet man ihn allerdings zu heiß.
   c) Dann machen sie aus, in das Schwimmbad zu gehen.
   d) Sie vermissen dann nicht, dass sie keinen Sommerurlaub in Italien haben.
   e) Der Sommer erfreut sie auch daheim.

Seite 129

2. Beispiellösung
   a) Im Sommer genießen wir den Urlaub.
      Den Urlaub genießen wir im Sommer.
      Wir genießen den Urlaub im Sommer.
   b) Wenn das Eis schmeckt, loben wir den Eisdielenverkäufer.
      Den Eisdielenverkäufer loben wir, wenn das Eis schmeckt.
      Wir loben den Eisdielenverkäufer, wenn das Eis schmeckt.
   c) Den größten Spaß haben die Kinder im Schwimmbad.
      Die Kinder haben den größten Spaß im Schwimmbad.
      Im Schwimmbad haben die Kinder den größten Spaß.
   d) Ein milder Abend beendet den langen Tag.
      Den langen Tag beendet ein milder Abend.

3. a) Es erfreut uns, dass wir abends grillen. Es erfreut uns, abends zu grillen.
   b) Das warme Wetter ermöglicht es, dass lange aufgeblieben wird. Das warme Wetter ermöglicht es, lange aufzubleiben.
   c) Der leckere Duft bewirkt, dass wir einen Bärenhunger haben. Der leckere Duft bewirkt, einen Bärenhunger zu haben.
   d) Jedes Mal verabreden wir, dass wir uns erneut treffen. Jedes Mal verabreden wir, uns erneut zu treffen.

Test

a) Wen oder was fürchten gerade ältere Leute?
b) Wen oder was beginnt der Kreislauf zu machen?
c) Wen oder was lieben wir trotzdem?
d) Wen oder was ermöglicht er uns?
e) Wen oder was glauben wir?

Auswertung zum Test:
Für jeden richtigen Fragesatz erhältst du einen Punkt.
Von insgesamt fünf Punkten hast du .... Punkte erreicht.

Super!	In Ordnung!	Bitte noch einmal üben!
5 Punkte	4 Punkte	weniger als 4 Punkte

1. a) Das Kind schenkt seiner Mutter ein paar Eicheln. Seite 130
   b) Die Tannenzapfen gleichen lustigen kleinen Figuren.
   c) Noch ähnelt der Wald einem lustigen Tierpark.
   d) Die Tiere rufen ihren Partnern fröhliche Laute zu.

2. Das Wort Herbst und das englische Wort harvest sind verwandt. Sie entspringen derselben Sprachwurzel. Letzteres entspricht der Erntezeit. Den Menschen bedeutete der Herbst, dass die Zeit der Ernte gekommen war. Dem Deutschen fehlt also die klare landwirtschaftliche Bedeutung. Dem Englischen ist sie erhalten. Auf der Nordhalbkugel werden dem Herbst ungefähr die Monate September, Oktober und November zugeordnet. Dem Volksmund wird folgendes Sprichwort zugeschrieben: „Wer im Frühling nicht sät, dem kann der Herbst keine Ernte bescheren."

3. a) Seiner Mutter schenkt das Rehkitz ein fröhliches Lächeln. b) Dem süßen Filmbambi ähnelt es. c) Den Kindern könnte es gerne als Kuscheltier dienen. Seite 131

Test
a) Wem ist kein Entkommen?
b) Wem gleicht der abendliche Tee?
c) Wem würden manche nichts vorziehen?
d) Wem fehlt das heiße Bad danach nie?
e) Wem gilt mehr Aufmerksamkeit, als man so denkt?
f) Wem wohnt ihr eigener Charme inne?
g) Wem sieht es ähnlich, nur auf den Sommer zu achten?
h) Wem entgeht damit ein großes Erlebnis und Naturschauspiel?

Auswertung zum Test:
Für jeden richtigen Fragesatz erhältst du einen Punkt.
Von insgesamt acht Punkten hast du .... Punkte erreicht.

Super!	In Ordnung!	Bitte noch einmal üben!
8 bis 7 Punkte	6 bis 5 Punkte	weniger als 5 Punkte

1. a) Die Kinder stehen den ganzen Tag auf Skiern. Seite 132
   b) Neben diesem Sport kommt auch das Rodeln nicht zu kurz.
   c) Auf den Tannenwipfeln sieht man Lichter glitzern.
   d) Unter den Kindern herrscht große Freude.
   e) Sie fürchten sich nicht vor kalten Fingern.
   f) Die viele Bewegung sorgt für innere Wärme.

Seite 133

2. a) Die Eltern erfreuten sich ihrer Kinder.
   Die Eltern erfreuten sich an ihren Kindern.
   b) Die Kinder rühmen sich ihrer Schlittenfahrkünste.
   Die Kinder rühmen sich mit ihren Schlittenfahrkünsten.
   c) Manche Eltern schämen sich ihrer Ängstlichkeit.
   Manche Eltern schämen sich für ihre Ängstlichkeit.
   d) Aber dann erinnern sie sich ihrer eigenen wilden Jugendzeit.
   Aber dann erinnern sie sich an ihre eigene wilde Jugendzeit.

3. Durch viele Schriftsteller bekommt der Winter ein interessantes Gesicht. Das ist für die Kinder sehr interessant. Neben diesem Spaß können sie aber auch ganz real Freude haben. Durch das Herumtollen wird die Gesundheit gestärkt. Für das Herz-Kreislauf-System ist das ideal. Zudem gibt es unter den Kleinen weniger Streit. Sie fürchten sich nicht vor großer Anstrengung und fallen abends kaputt, aber glücklich, ins Bett. Wenn es ihn nicht gäbe, sollte der Winter für die Kinder erfunden werden.

Seite 134

4. a) Eskimos fürchten sich nicht vor langen Nächten.
   Vor was fürchten sich Eskimos nicht?
   b) Sie warten auf den Frühling.
   Auf was warten sie?
   c) Unter ihnen gibt es viele Fischer.
   Unter wem gibt es viele Fischer?
   d) Sie freuen sich auf jeden Besuch.
   Auf was freuen sie sich?
   e) Für ihre Gastfreundschaft sind die Eskimos sehr bekannt.
   Für was sind die Eskimos sehr bekannt?

5. a) Die Landschaft liegt unter einer Schneedecke.
   Subjekt PräpObj.
   b) Eichhörnchen sammeln ihr Futter.
   Subjekt AkkObj.
   c) Manche Pflanzen verdanken dem Schnee ihr Überleben.
   Subjekt DatObj. AkkObj.
   d) Er deckt ihre Wurzeln zu.
   Subjekt AkkObj.
   e) Sie überleben den Winter.
   Subjekt AkkObj.
   f) Wir warten auf das Frühlingserwachen.
   Subjekt PräpObj.

Seite 135

Test

Skifahren erfreut viele Kinder. Dieser Sport sorgt für Fitness.
Sub. Präd. AkkO. Sub. Präd. PräpO.
Ohne große Übertreibung dient er der Gesundheit.
PräpO. Präd Sub. DatO.
Unter zu großen Belastungen können die Gelenke leiden.
PräpO. Präd. Sub. Präd.

Jeder Sport kann dem Menschen nutzen.
Sub. Präd. DatO. Präd.
Die Aufgabe besteht in der richtigen Dosierung.
Sub. Präd. PräpO.
Der Leichtsinn mancher Jugendlicher kann zu Gefahren führen.
Sub. Präd. PräpO. Präd.
Allzu wildes Herumtoben missfällt vielen Eltern. Sie haben Angst.
Sub. Präd. DatO. Sub. Präd. AkkO.
Den Spaß will keiner den Jugendlichen rauben.
AkkO. Präd. Sub. DatO. Präd.
Auf ihre Sicherheit sollen sie achten!
PräpO. Präd. Sub. Präd.

Auswertung zum Test:
Für jede richtige Unterstreichung (inkl. korrekter Bestimmung) erhältst du einen Punkt.
Dabei zählt das Prädikat in jedem Satz nur ein Mal (Prädikatklammer!).
Von insgesamt 35 Punkten hast du .... Punkte erreicht.

Super!	In Ordnung!	Bitte noch einmal üben!
35 bis 29 Punkte	28 bis 18 Punkte	weniger als 18 Punkte

1. Die See ist gefährlich. Diese Gefahr heißt Tod durch Ertrinken. Trotz aller Technik bleibt das Meer ein Gefahrenherd. Über viele Jahrhunderte war die See eine Herausforderung. Generationen von Küstenbewohnern erwies sich das Meer als Quelle des Unheils wie des Reichtums. Die Fischerei war Lebensgrundlage. Sie ernährte den Menschen. Gut ist aber auch, dass Handel getrieben werden konnte. Zur Not wichen Generationen von Küstenbewohnern in die Piraterie aus. Das ist und war illegal. Nichtsdestotrotz erwies es sich als Möglichkeit des Überlebens. In der Not nennt man sich lieber einen Piraten, als zu verhungern. Das ist Schicksal. Seite 136

2. a) Das Wetter wird heute schön. prädikatives Adjektiv Seite 137
   b) Gut ist, dass wir einen Schiffsausflug machen. Prädikativsatz
   c) Das Meer ist mein Freund. Gleichsetzungsnominativ
   d) Das Gefühl an Bord ist unbeschreiblich. prädikatives Adjektiv
   e) Der Kapitän ist stolz. prädikatives Adjektiv
   f) Die Schifffahrt bleibt sein Lebenstraum. Gleichsetzungsnominativ

3. a) Schön wird das Wetter heute. b) Dass wir einen Schiffsausflug machen, ist gut. c) Mein Freund ist das Meer. d) Unbeschreiblich ist das Gefühl an Bord. e) Stolz ist der Kapitän. f) Sein Lebenstraum bleibt die Schifffahrt.
   Was eben noch Prädikatsnomen war, wird durch die Umstellung Subjekt. Man fragt nach beidem gleich.

Test
a) Das Wetter wird heute schön.
b) Gut ist, dass wir einen Schiffsausflug machen.
c) ~~Das Meer erfreut meinen Freund.~~

d) Das Gefühl an Bord ist unbeschreiblich.
e) ~~Der Kapitän behält seinen Stolz~~.
f) Die Schifffahrt bleibt sein Lebenstraum.
g) Gesund ist, dass er viel an der frischen Luft arbeiten kann.
h) ~~Schade findet er den weiten Weg von zu Hause~~.
i) Die Gesamtbilanz ist für ihn aber positiv.

Auswertung zum Test:
Für jeden Satz, den du richtigerweise durchgestrichen oder nicht durchgestrichen hast, erhältst du einen Punkt.
Von insgesamt neun Punkten hast du .... Punkte erreicht.

Super!	In Ordnung!	Bitte noch einmal üben!
9 bis 8 Punkte	7 bis 6 Punkte	weniger als 6 Punkte

Seite 139

1. a) Tier müssen zuverlässig gefüttert werden. Adv. Best. modal
   b) Am Morgen gibt es die erste Mahlzeit. Adv. Best. temporal
   c) Dann werden die Tiere auf die Weide getrieben. Adv. Best. lokal
   d) Dann stehen sie dort. Adv. Best. lokal
   e) Wegen des möglichen Auslaufs sind die meisten Tiere gerne draußen. Adv. Best. kausal

2. a) Gerne gehen die Kinder mit. Adv. Best. modal
   b) Vormittags genießen sie die frische Luft. Adv. Best. temporal
   c) Gras wächst auf der Wiese. Adv. Best. lokal
   d) Wegen der schönen Natur freuen sich die Kinder. Adv. Best. kausal
   e) Der Tag vergeht viel zu schnell. Adv. Best. modal

3. a) Wegen des Ausfüllens vieler Formulare arbeiten Landwirte auch am Computer.
   b) Zur Informationsbeschaffung recherchieren sie im Internet.
   c) Mit leisem Tuckern fahren moderne Trecker über den Acker.
   d) Diese Maschinen können ohne üblem Gestank arbeiten.
   e) Unter Betrachtung der heutigen Zeit ist die Landwirtschaft eine recht moderne Branche.
   f) Dies ist unter Berücksichtigung früherer Zeiten bemerkenswert.
   g) Statt überwiegend körperlicher Arbeit ist heute viel mehr verlangt.
   h) Landwirt ist wegen der erforderten Vielseitigkeit ein moderner Beruf.

Seite 140

4. a) Wo pflegen Landwirte die Kulturlandschaft?
   Adv. Best. lokal
   b) Seit wann machen sie das?
   Adv. Best. temporal
   c) Weshalb sind sie ebenso wichtig?
   Adv. Best. kausal
   d) Wie vergessen manche Menschen das?
   Adv. Best. modal

e) Wo verbringen viele Menschen ihren Urlaub?
   Adv. Best. lokal
f) Wie lange/Seit wann gilt dies als zweites wirtschaftliches Standbein der Landwirtschaft?
   Adv. Best. temporal

5. a) In ihrem Ort sind die Bauern wichtige Menschen. b) Seit scheinbar ewigen Zeiten gilt dies. c) Mit ihrer Hilfe überleben in Krisenzeiten die Dorfbewohner leichter. d) So schnell vergisst das niemand. e) Schon immer begründet dies die besondere Stellung der Bauern. Seite 141

Test
Wegen seiner vielen Bedeutungen ist *Bauer* ein häufig verwendeter Begriff. Er bezeichnet im Allgemeinen einen Landwirt. Beim Schach ist er wegen seiner geringen Reichweite die schwächste Figur. Er ist leicht hinauszuwerfen. In verschiedenen Gegenden wird eine Spielkartenfigur auch *Bube* oder eben *Bauer* genannt. Seit ewigen Zeiten ist *Bauer* ein häufiger Nachname in Deutschland. Bauer, Seine Deftigkeit, ist zudem eine Karnevalsfigur aus dem Kölner Dreigestirn. Man sieht an dieser Stelle, dass Bauer ein wirklich oft verwendeter Begriff im Deutschen ist.

Auswertung zum Test:
Für jede richtig eingesetzte adverbiale Bestimmung erhältst du einen Punkt.
Von insgesamt acht Punkten hast du .... Punkte erreicht.

Super!	In Ordnung!	Bitte noch einmal üben!
8 bis 7 Punkte	6 bis 5 Punkte	weniger als 5 Punkte

1. Das Attribut lässt sich nicht allein verschieben, ist also kein eigenes Satzglied. Seite 142

2. Beispiellösung
   a) günstige Rundfahrten auf See
   b) mindestens hundert Seehunde
   c) romantischer, nie gesehener Sonnenuntergang
   d) bester Tauchgang Ihres Lebens
   e) schönstes Abenteuer des Jahrhunderts
   f) leckerste und bekömmlichste Fische der Nordsee
   g) unser gutes, gesundes und groß portioniertes Essen

3. a) Frischer Fisch ist eine Köstlichkeit. Adjektiv Seite 143
   b) Allerdings sieht man auch rümpfende Nasen. Partizip
   c) Der Geruch des Tieres ist nicht aller Leute Sache. Artikel + Nomen
   d) Leider entgeht ihnen auch ein großer Genuss. Adjektiv
   e) Unsere Geschmäcker sind verschieden. Pronomen
   f) Sonst wäre das Leben zehn Mal langweiliger. Zahlwort
   g) Das ist auch nicht der Wille der Menschen. Artikel + Nomen

4. Der Name des Atlantiks hängt mit dem griechischen Atlas zusammen.

Dieser Titan stützte das Gewölbe des Himmels an der westlichen Seite.

Im Westen Gibraltars war aus griechischer Sicht auch das Ende ihrer Welt.

Zur Ehre des Atlas wurde das hier beginnende Meer Atlantik genannt.

Er befindet sich im Westen unserer üblichen Kartendarstellungen.

Im Norden begrenzt ihn die kalte Arktis, im Nordosten unser Europa,

im Südosten das heiße Afrika und im Westen das langgezogene Amerika.

Der Atlantik fasst ein Wasservolumen von unglaublichen 354,7 Millionen

Kubikkilometern. Die tiefste Stelle wäre der höchste Berg der Erde, wenn

er sich über dem Festland erhöbe. Sie ist 9.219 Meter tief. Der Atlantik

ist das verkehrsreichste Meer. Dies liegt auch

am regen Transitverkehr zwischen Europa und Amerika. Der Golfstrom

erstreckt sich von der Karibik bis Grönland und sorgt für unser mildes Klima.

Seite 144

5. Jedes ~~noch so kleine~~ Kind kennt die ~~gefährlichen~~ Haie. Die ~~bekannteste~~ Art dürfte der ~~weiße~~ Hai sein. Spätestens seit dem ~~spannenden~~ Thriller „Der ~~weiße~~ Hai" des ~~genialen~~ Regisseurs Steven Spielberg läuft einem ein ~~gruseliger~~ Schauer den Rücken hinunter, kommt die ~~erregte~~ Rede auf dieses ~~vermeintlich mordlustige~~ Tier. Haie fressen ~~andere~~ Fische oder ~~auch größere~~ Meerestiere. Im Jahr sterben ~~durchschnittlich zehn~~ Menschen an den Folgen von Haiangriffen. Dennoch gelten diese als ~~mordlüsterne, kaltblütige~~ Killer. Das hängt sicher mit den ~~vielen klischeehaften~~ Vorstellungen zusammen. In Wahrheit ist der Hai durch die ~~übermäßige~~ Befischung im Bestand gefährdet. Der ~~gefährlichste~~ Killer in der Natur ist eben der ~~gierige und unersättliche~~ Mensch. Dessen Verbrauch ~~an Mitgeschöpfen~~ schafft kein ~~anderes~~ Tier.

Wirkung des Textes nach den Streichungen der Attribute:
Der Text wirkt nicht mehr so anschaulich und bunt, z. T. fehlen durch die Streichung der Attribute auch wichtige Informationen, etwa Zahlen oder der Name *weißer Hai*. Grammatisch geht es auch ohne Attribute.

Seite 145

Test
Wir unternahmen eine Wattwanderung zur Insel Neuwerk. Dazu kann man einen mit Reisigsträuchern gekennzeichneten Weg gehen. Für die Rückkehr stehen auch von Pferden gezogene Wagen zur Verfügung. Das Watt ist sehr glitschig, und überall ragen spitzkantige Muscheln aus dem dunklen Boden. Ab und zu wird der Weg durch tiefe

Priele unterbrochen, in denen auch bei Ebbe kaltes Wasser steht. Schon auf dem Hinweg fragten wir uns, wozu wohl die rot-weiß gestreiften Rettungsinselchen gut sein könnten. Bis zum fernen Horizont war kein Meerwasser zu sehen. Nach dem gemütlichen Aufenthalt auf der Insel trödelten wir noch herum. Dann aber verfärbte sich der bis dahin strahlend blaue Himmel. Schwarze Wolken zogen auf. Die Sonne verschwand hinter einer beängstigenden Wand. Nur noch wenige Wattwagen standen dar. Wir waren glücklich, dass wir noch einen bekommen konnten. Der Fahrer trieb seine müden Pferde beständig an. Durch den ersten Priel kamen wir noch trockenen Fußes, der nächste war schon so vollgelaufen, dass sich die Pferde zunächst weigerten. Aber mit gutem Zureden schaffte es der besorgte Kutscher, seine störrischen Viecher vom raschen Weitergehen zu überzeugen. Dann ging es los: Schlagartig prasselte eine wahre Wasserflut herab. Binnen weniger Sekunden waren wir klatschnass. Das Meereswasser stieg in einer beängstigenden Geschwindigkeit. Jetzt wurde es durch Regen und Flut bedrohlich.

Auswertung zum Test:
Für jedes passende Attribut erhältst du einen Punkt. Hier sind nur Beispiele angegeben. Prüfe deine Lösung anhand dieser Beispiele kritisch.
Von insgesamt 20 Punkten hast du .... Punkte erreicht.

Super!	In Ordnung!	Bitte noch einmal üben!
20 bis 16 Punkte	15 bis 11 Punkte	weniger als 11 Punkte

1. Der Pazifik, der eigentlich Pazifischer oder manchmal Stiller Ozean genannt wird, ist das größte Meer der Erde. Seine Fläche, die knapp 182 Millionen Quadratkilometer beträgt, entwickelt sich zwischen der Arktis im Norden und der Antarktis im Süden. Der Kontinent Amerika grenzt das Meer im Osten ab. Im Westen liegen Australien und Ozeanien als geographischer Rahmen dieses Meeres, das rund 35 Prozent der gesamten Erdoberfläche bedeckt. Dieser größte Ozean, der mehr als die Gesamtfläche allen Festlands umfasst, macht die Hälfte der Meeresfläche der Erde aus. Das Volumen beträgt knapp 715 Millionen Kubikkilometer Wasser, welche mehr als der Hälfte allen Wassers auf der Erde entsprechen. Die Tiefe, die mit durchschnittlich etwa 4000 Metern angegeben wird, ist an der extremen Stelle im Pazifik bei über 11.000 Metern unter der Meeresoberfläche. Der große Entdecker und Seefahrer Ferd. Magellan nannte das Meer, das so ruhig hinter Kap Hoorn lag, *pazifisch*, welches friedlich bedeutet. Dieses Wort stammt von *pacificus* aus dem Lateinischen ab. Allerdings gibt es hier trotzdem auch heftige Stürme, die *Taifun* oder *Hurrikan* heißen. Seite 146

2. a) Der Indische Ozean ist das Meer der Erde, welches die drittgrößte Fläche hat. Seite 147
   b) Er liegt zwischen Afrika, Asien und Australien, das der kleinste Kontinent ist.
   c) Der Teil dieses Ozeans, welches der bedeutendste und flächenmäßig umfassendste ist, liegt auf der Südhalbkugel.
   d) Dieses ist ein Gegensatz zu Atlantik und Pazifik, die ungefähr gleichmäßig auf beide Halbkugeln aufgeteilt sind.
   e) Das Arabische Meer ist ein Nebenmeer, welches recht bekannt ist.
   f) Indonesien ist eine Inselgruppe im Indischen Ozean, die politisch eigenständig ist.
   g) Ebenso gilt dies für die Inseln Madagaskar und den Staat Sri Lanka, der von inneren Konflikten geplagt wird.

3. a) Der auch Nordpolarmeer genannte Arktische Ozean gilt als Weltmeer.
   b) Dieser kleinste Ozean liegt in der Arktis.
   c) Allerdings sehen ihn manche nur als nördlich gelegenen Teil des Atlantiks an.
   d) Die Ländern zugeordneten Teile der Arktis sind umstritten.
   e) Dies hängt mit unklar gezogenen Grenzen zusammen.
   f) Auch lassen vermutete Rohstoffvorkommen Begehrlichkeiten wachsen.
   g) Der stark vereiste Arktische Ozean wird nur drei bis fünf Monate im Jahr für die Schifffahrt genutzt.
   h) Russland unterhält eine für diese Zwecke eingerichtete Atomeisbrecherflotte.

Seite 148

4. a) Das Surfen, eine der heutigen Trendsportarten, ist mit dem Wellenreiten verwandt.
   b) Junge Leute lieben besonders den Rausch der Geschwindigkeit, den absoluten Kick.
   c) Es wird in den Beinen Muskelaufbau, Kraft für den Körper, betrieben.
   d) Auch den Armen, unseren täglichen Helfern, wird Gutes getan.
   e) Das Surfen, die universale Körperschulung, liegt also ganz im Trend der Zeit.

5. a) Das Surfen – es ist eine der heutigen Trendsportarten – ist mit dem Wellenreiten verwandt.
   b) Junge Leute lieben besonders den Rausch der Geschwindigkeit – er gibt den absoluten Kick.
   c) Es wird in den Beinen Muskelaufbau – dies bedeutet Kraft für den Körper – betrieben.
   d) Auch den Armen – sie sind unsere täglichen Helfer – wird Gutes getan.
   e) Das Surfen – es ist die universale Körperschulung – liegt also ganz im Trend der Zeit.

   Statt der Gedankenstriche kannst du auch Kommas verwenden. Gedankenstriche machen die Konstruktion allerdings deutlicher, so erkennt man beim Lesen schneller, wie der Satz zu verstehen ist.

6. a) Das Surfen, das eine der heutigen Trendsportarten ist, ist mit dem Wellenreiten verwandt.
   b) Junge Leute lieben besonders den Rausch der Geschwindigkeit, der den absoluten Kick gibt.
   c) Es wird in den Beinen Muskelaufbau, der Kraft für den Körper bedeutet, betrieben.
   d) Auch den Armen, die unsere täglichen Helfer sind, wird Gutes getan.
   e) Das Surfen, das die universale Körperschulung ist, liegt also ganz im Trend der Zeit.

Seite 149

Test

Bei einem Schiff – das nicht mit einem Boot gleichzusetzen ist – handelt es sich um ein Wasserfahrzeug, welches größeren Umfangs ist. Das Schiff hat den eigenen Antrieb, der dem Floß fehlt. Das Wort *Boot* wird für kleinere Wasserfahrzeuge verwendet. Einem Schiff, dem manchmal so gesehenen Inbegriff der Romantik, wird große Freiheit zugeordnet. Sie werden in Anlagen, die man Werften nennt, gebaut. Nach Fertigstellung des Rumpfes kommt es zum oft spektakulären Stapellauf. Hier schließt sich eine erste Fahrt an, die von den Seeleuten und Schiffsbauern *Jungfernfahrt* genannt wird. Mit Schiffen werden wichtige Güter transportiert. Sie sind das bedeutendste Mittel des globalen Handels. Für die Passagierschifffahrt – sie verliert an Bedeutung – ist mit dem Flugzeug große Konkurrenz entstanden. Heutzutage ist die Schifffahrt in dieser Hinsicht eher ein touristisches Erlebnis. Gerade Menschen höheren Alters lieben Kreuzfahrten, das Sinnbild entspannten Nichtstuns. Auch der Beruf des Matrosen wandelt sich. Die früher harte körperliche Arbeit wird mehr und mehr durch die vom Computer gesteuerten Tätigkeiten abgelöst. Dies gilt zumindest für die großen Transportschiffe, welche Container über alle Winkel der Weltmeere verteilen. Von wilder Seefahrerromantik bleibt da nichts übrig.

Auswertung zum Test:
Für jede richtige Unterstreichung erhältst du einen Punkt.
Von insgesamt 26 Punkten hast du .... Punkte erreicht.

Super!	In Ordnung!	Bitte noch einmal üben!
26 bis 22 Punkte	21 bis 14 Punkte	weniger als 14 Punkte

Glossar

Hier findest du wichtige Begriffe noch einmal kurz erklärt.

A

Abstrakta (Sg. Abstraktum): bezeichnen sinnlich nicht wahrnehmbare Erscheinungen

Adjektiv: Eigenschaftswort, Wiewort

Adverb (Pl. Adverbien): Umstandswort

Agens: handelndes Subjekt

Akkusativ: 4. Fall, Wen-Fall

Aktivsatz: Agens steht im Mittelpunkt des Satzes

Artikel: Geschlechtswort, Begleiter des Nomens (bestimmter und unbestimmter Artikel)

B

Bestimmte Numeralia: Kardinal- und Ordinalzahl

D

Dativ: 3. Fall, Wem-Fall

Deklination: Flektion von Nomen, Pronomen, Artikeln, Adjektiven und Numeralia; Anpassung dieser Wortarten an Genus, Numerus und Kasus

Demonstrativpronomen: hinweisendes Fürwort

F

Femininum: weiblich

Flektion: Beugung, Oberbegriff für Konjugation und Deklination

Futur I: 1. Zukunft, einfache Zukunft

Futur II: 2. Zukunft, vollendete Zukunft

G

Genera Verbi (Sg. Genus Verbi): Form des Verbs (Aktiv und Passiv)

Genitiv: 2. Fall, Wessen-Fall

Genus: grammatikalisches Geschlecht der Nomen

H

Hilfsverb: Verb, mit dessen Hilfe die meisten Zeitformen gebildet werden (*haben, sein, werden*)

Hypotaxe: Unterordnung von Nebensätzen unter Hauptsätze

I

Imperativ: Befehlsform

Indefintitpronomen: unbestimmtes Fürwort

Indikativ: Wirklichkeitsform

Indirekte Rede: man lässt Personen nicht sprechen, sondern berichtet/erzählt indirekt, was sie gesagt haben

Infinitiv: Grundform

Interjektion: Ausdruckswort, Ausrufewort, Empfindungswort

Interrogativpronomen: fragendes Fürwort

K

Kardinalzahl: Grundzahl, legt die Anzahl fest

Kasus: Fall, grammatische Kategorie des Nomens (Nominativ, Genitiv, Dativ, Akkusativ)

Kausaladverb: Umstandswort des Grundes

Komparation: Steigerung (Positiv, Komparativ, Superlativ)

Komparativ: Steigerungsstufe (2. Stufe) bei der Komparation

Konjugation: Flektion von Verben, Anpassung des Verbs an Person, Numerus, Tempus, Modus und Genus Verbi

Konjunktion: Bindewort (neben- und unterordnende Konjunktion)

Konjunktiv I: Ausdruck der Aufforderung und des Wunsches

Konjunktiv II: Ausdruck der Irrealität und Potentialität

Konjunktiv: Möglichkeitsform, (Konjunktiv I und Konjunktiv II)

Konkreta (Sg. Konkretum): bezeichnen Dingliches, was wahrgenommen werden kann

Kontext: Textzusammenhang

L

Lokaladverb: Umstandswort des Ortes

M

Maskulinum: männlich

Modaladverb: Umstandswort der Art und Weise

Modalverb: Verb, das ein durch ein anderes Verb ausgedrückte Geschehen näher bestimmt

Modus, (Pl. Modi): Aussageweise, grammatikalische Kategorie des Verbs (Indikativ, Imperativ und Konjunktiv)

N

Nebenordnende Konjunktion: verbindet Wörter, Satzteile und Sätze miteinander, die grammatikalisch gleichrangig nebeneinander stehen

Neutrum: sächlich

Nomen: Substantiv, Hauptwörter, wird dekliniert

Nominativ: 1. Fall, Wer-Fall

Numerale (Pl. Numeralia): Zahlwort

Numerus: Zahl, grammatikalische Kategorie des Nomens und Verbs (Singular und Plural)

O

Objekt: Satzergänzung (im Genitiv, Dativ oder Akkusativ)

Ordinalzahl: Ordnungszahl, bestimmt die Reihenfolge

P

Parataxe: Aneinanderreihung von selbstständigen Sätzen, auch Aneinanderreihung von Wortgruppen und Wörtern

Partizip I: Partizip Präsens (Mittelwort der Gegenwart)

Partizip II: Partizip Perfekt (Mittelwort der Vergangenheit)

Partizip: Mittelform, Verbform, die nicht nach Person, Numerus und Modus bestimmt ist (Partizip I und Partizip II)

Passivsatz: Patiens steht im Mittelpunkt des Satzes

Patiens: erduldendes Subjekt

Perfekt: 2. Vergangenheit, vollendete Gegenwart

Person: grammatikalische Kategorie des Verbs (1. Person, 2. Person und 3. Person)

Personalpronomen: persönliches Fürwort

Plural: Mehrzahl

Plusquamperfekt: 3. Vergangenheit, vollendete Vergangenheit

Positiv: Grundstufe (1. Stufe) bei der Komparation

Possessivpronomen: besitzanzeigendes Fürwort

Prädikat: auch Satzaussage, drückt aus, was geschieht oder getan wird, enthält (genau) eine finite Verbform

Präfix: trennbare Vorsilbe

Präposition: Verhältniswort

Präsens: Gegenwart

Präteritum: 1. Vergangenheit, Imperfekt, Erzählvergangenheit, Mitvergangenheit

Pronomen: Fürwort

R

Reflexivpronomen: rückbezügliches Fürwort, bezieht sich auf das Subjekt des Satzes

Relativpronomen: bezügliches Fürwort, leitet einen Nebensatz (Relativsatz) ein

S

Satz: sprachliche, in sich geschlossene Einheit, die eine Aussage, Frage oder Aufforderung enthält

Singular: Einzahl

Subjekt: auch Satzgegenstand, Träger der Handlung in einem Satz

Substantivierung: Bildung eines Nomens aus anderen Wortarten

Superlativ: Höchststufe (3. Stufe) bei der Komparation

T

Temporaladverb: Umstandswort der Zeit

Tempus (Pl. Tempora): Zeitstufe, Zeitformen, grammatikalische Kategorie des Verbs (Präsens, Präteritum, Perfekt, Plusquamperfekt, Futur I, Futur II)

U

Unbestimmte Numeralia: geben eine ungefähre Anzahl an

Unflektierbare Wörter: Wörter können in ihrer Form nicht verändert, nicht gebeugt werden

Unterordnende Konjunktion: leitet Nebensatz ein und bindet ihn an den übergeordneten Satz

V

Verb: Tunwort, Tätigkeitswort, Zeitwort, wird konjugiert

Vergangenheitsformen des Verbs: Präteritum, Perfekt und Plusquamperfekt

Vorgangspassiv: beschreibt Ergebnis eines Vorgangs

W

Wortfamilie: Wörter mit gleichem Wortstamm

Wortfeld: eine Gruppe von Wörtern mit gleicher oder ähnlicher Bedeutung

Wörtliche Rede: man gibt direkt wieder, was Personen wörtlich erzählt/berichtet haben

Z

Zukunftsformen des Verbs: Futur I und Futur II

Zustandspassiv: die Handlung wird vom erreichten Zustand, dem Ergebnis, aus betrachtet

Stichwortverzeichnis